「神さまが あなたと共におられます」と祈る

稲川 圭三

サンパウロ

「神さまがあなたと共におられます」と祈る——目次

※　文中の聖書引用は、日本聖書協会『聖書　新共同訳』を使用しました。

「はじめに」

お勧めしたいこと

わたくしは一九九七年の三月に東京カテドラルで司祭叙階を受けました。今年は叙階二十四年目になります。

最初は西千葉教会で三年間、助任司祭として働きました。その後は主任司祭として、あきる野教会と、少し後から青梅教会の主任を兼任して足かけ七年間働きました。八王子教会で五年、麻布教会で七年、それぞれ小教区の主任を務めました。そして現在は東京カトリック神学院のモデラトール（養成者）として二年目を過ごしています。

小教区で毎日ミサをし、説教をし、洗礼の準備をし、葬儀を司式し、結婚式を準備し、病床を訪問し、青少年や子どもたち、また聴覚障がい者の方々と関わり、そして神学校で神学生たちと一緒に生活し……する内に、少しずつイエスさまのことを知るようになってきたと感じています。そして、それにつれて少しずつ、お祈りの仕方も変わってきました。

今は、人に「神さまがあなたと共におられます」と祈るようになりました。今、生きている人にも、亡くなられた人にも、そのように祈っています。信者さんにも、そうでない人にも、道を歩いている人にも、だれにでもそう祈っています。

そしてそう祈ることは、とてもよいことのように感じているので、そのことを皆さんに「お勧め」したいという思いで、「『神さまがあなたと共におられます』と祈る」というテーマで、書いてみたいと考えました。

まだ、どのように書けるのかがはっきりしないままに書いています。読んでくださる方に、「神さまがあなたと共におられます」と祈りながら書いています。

具体的にしていること

わたくしは今、神学校に勤務していますので、特に神学生のために祈っています。神学校には現在、聴講生の方も含めて二十八名の学生が在住していますので、その一人ひとりに祈ります。予科生から始めて、学年の若い人から順に祈っていきます。

具体的には心の中で名前を呼んで、こう祈ります。「〇〇さん、神さまがあなたと共におられます」「わたしは世の終わりまで、いつもあなたと共にいます」「聖霊を受けなさい。だれの罪でもあなたが赦せば、その罪は赦されます。だれの罪でもあなたが赦さなければ、赦されないまま残ります」と祈ります。

そして、本人に祈るだけでは足りないので、ご本人に関わりのある、目に見えない霊であるいのちの皆さんにも祈ります。

具体的にはこう祈ります。「○○さんに関わりのある霊であるいのちの皆さん」と呼びかけ、その方々に向かって「神さまがあなたと共におられます」「わたしは世の終わりまで、いつもあなたと共にいます」「聖霊を受けなさい。だれの罪でもあなたが赦せば、その罪は赦されます。だれの罪でもあなたが赦さなければ、赦されないまま残ります」と祈ります。それが一人分です。

次の人にも同じように祈っていきます。「△△さん、『神さまがあなたと共におられます。』……」と祈っていきます。関わりのある霊であるいのちの皆さんにも祈っていきます。そういう要領で、二十八人に祈っていきます。

初回から訳の分からない話になってしまっているかもしれませんが、とにかく今、毎日具体的に行っていることから書き始めました。

イエスさまの祈り

わたくしは、わたくしが人に「神さまがあなたと共におられます」と祈る時、まず、わたくしの中にいてくださるイエスさまご自身が、そう祈ってくださっているのだと理解しています。

わたくしの中に、一緒の向きで生きてくださっているイエスさまが、そう祈っておられるので、わたくしも一緒に、人に向かって「神さまがあなたと共におられます」と祈るのだと理解しています。

わたくしは皆さんに、「神さまがあなたと共におられます」と祈ることをお勧めしていますが、何よりもまず、この祈りは一緒にいてくださるイエスさまの祈りであると、わたくしは理解しています。

「神さまがあなたと共におられます」と祈る

ところで、福音書を隅々まで読んでも、イエスさまが「神さまがあなたと共におられます」という言葉で祈った、とはどこにも書いていません。けれども、わたくしはイエスさまというお方は、その存在の全てで「神さまが共におられる」という真実を告げられたお方だと思っています。

「見よ、おとめが身ごもって男の子を産む。その名はインマヌエルと呼ばれる」（マタイ1・23）。……マタイ福音書は、イザヤの預言を引用して、福音書の最初にこのように述べました。

「おとめが身ごもって産んだ男の子」とは、イエスさまのことです。そしてその名、「インマヌエル」とは、「神は我々と共におられる」という意味です。

イエスさまこそ、インマヌエルという真実を告げた方です。イエスさまは全身全霊で、人に「神があなたと共におられるのです」、「あなたは神がお住まいになる神の家、神殿なのです」と告げられたお方、祈られたお方なのだと思います。

福音書のどこを切り取っても「神さまがあなたと共におられます」と祈る、イエスさまの祈りが現れていると、わたくしは理解しています。そして今、そのイエスさまは復活してすべての人と一緒にいてくださるいのちとなっておられます。

イエスさまはインマヌエルという真実を告げる方であると共に、わたくしたちと共にいてくださる神、インマヌエルです。それでわたくしも、復活して一緒の向きで生きてくださっているイエスさまと一緒に、人に「神さまがあなたと共におられます」と祈らせていただきます。

皆さんにもお勧めしたいと思い、このテーマで書き始めました。

「お祈りするということ」

子どもの頃の神さま

わたくしは東京の江東区という下町の生まれで、五人兄弟の四番目です。両親と姉、兄、兄、わたくし、弟という家族構成ですが、兄弟は皆、墨田区のカトリック本所教会で主任司祭の下山正義神父さまから洗礼を授かりました。両親ともに、曾祖父母の代からのカトリック信者でしたので、わたくしは四代目の信者ということになります。

父は毎週欠かさず、家族全員を車に乗せてミサに連れて行きました。それで「ミサに与《あずか》らない」という可能性はありませんでした。子ども心にミサは楽しいものではなく、「行かなくてよい」と言われたなら「その方がうれしい」というようなものであったように記憶しています。

子どもの頃のわたくしにとって、「お祈りする」とは、「天にましますʼ」（主の祈り）、「めでたし」（アヴェ・マリアの祈り）、「ねがわくは」（栄唱）を「唱える」ということとイコールで、何か機械的に唱える「義務のようなもの」だったと思います。

また、子どもの頃のわたくしにとって「神さま」とは、厳格な原理とか、規則に近いもので、わたくしが良いことをすれば、良い結果を返し、悪いことをすれば、悪い結果を返す、「法則」のような存在だったと思います。

わたしたちが良い結果を受けても、悪い結果を受けても、それはわたくしたちの「自分のせい」なので、「神さまにとっては痛くも痒《かゆ》くもないこと」……そんな神さまの理解でした。要はわたくしにとって神さまは、わたくしが呼びかけたり、また、呼びかけられたりする「お方」ではなかったのだと思います。

心底びっくりしたこと

中学一年の冬、わたくしは肺炎にかかり、四十度の熱が続き、中耳炎も併発して、家で一か月ほど寝込んでいました。同時期にすぐ上の兄も、中耳炎にかかって高熱が出て、十日間くらい寝込んでいました。

運悪く、高校受験の日が重なっていたので、兄は高い熱があるまま病床から試験会場に向かいました。そして、帰って来るなり布団に倒れ込んでいました。二日目も同様で、帰って来るなり一言も口をきかず、布団に入って死んだように眠ってしまったのを覚えています。

そんな状態であったのですが、幸いなことに試験は合格でした。兄はまだ病床にありましたが、ため息をつくように、しみじみと、「よかった」と言って合格の喜びをかみしめていました。

その頃兄は、高校に受かったら腕時計を買ってもらう約束になっていました。今から五十年近く前のこと、腕時計を持つということは、何か大人になることの象徴のような、大きなことでした。それは感覚的に言うと、今の時代なら、「大学に受かったら、車を買ってもらう」というのに近い出来事だったように思います。でも、兄は腕時計を買ってもらわなかったのです。

あんなに楽しみにしていたのにと、不思議に思って母に聞いてみると、母は、「試験の時、『腕時計いらないから、試験に受からせてください』と神さまにお願いしたのだって。それで受かったから『腕時計はいらない』のだそうよ」と話してくれました。

わたくしはそれを聞いて、本当にびっくりしました。(ぼくだったら、たとえそうお願いしたとしても、受かったら受かったで、腕時計買ってもらっちゃうけどな)と思ったからです。

今考えてみると、わたくしの考える神さまは、「自分の考え

の中」のこと。でも、兄にとって神さまは呼びかける「お方」でした。この時わたくしは何か、「ああ、この兄にはかなわないな」と思ったことを覚えています。

心の中の声に答える

そんなわたくしにとっての出会いは、社会人になってからのことです。わたくしは大学を卒業して、千葉県習志野市の公立小学校で九年間教員として働きました。その最初の一～二年くらいのことだったと思います。わたしは心の中で、いつも子どもたちに憤っていました。それは子どもたちが言うことを聞かなかったからです。

わたくしは子どもの頃から、罰によって何かをさせられる、というような経験をしたことがありませんでした。そのため、子どもたちにも、安易に罰をつけて何かをさせるということができませんでした。それで行列するにしても何をするにしてもさっさとできず、いつも学年主任に「またアンタのクラスかい！」と叱られていました。

そんな時、いつも心の中で憤って叫んでいました。「どうして言うことが聞けないんだ。何か罰をつけてさせれば、こんなことは誰にでもすぐできる。でもそんなことはまったくお前たちのためにならない。なぜそうするのかを考えてさせようと、お前たちのことを考えてやっているのに、どうして言うことが聞けないんだ」と叫んでいました。

そんなある時、心の中で「そういうお前は、わたしの言うことを聞いているのかな」という声がしました。わたしはその声に対して、「わたしもあなたの言うことを聞きますから、子どもにも言うことを聞かせてください」と言いました。すると、子どもたちは劇的に言うことを聞くようになりました。

当時のわたくしにとって「あなたの言うことを聞く」ということの具体的な内容は、なぜか「自分から進んでミサに行く」ということでした。その時から、自分の意志でミサに与るようになりました。

神さまの言うことを聞く

自分から進んでミサに与るようになると、ミサは義務どころか、「まったくわたしたちのために、神さまがなさっていること」なのだと分かってきました。すると子どもたちも言うことを聞くようになってきました。わたしが神さまの言うことを聞くようになったからです。

「正しさは神さまから」

自分の事しか考えていない

前回お話しいたしましたが、わたくしは小学校の教員になってから、自分の意志でミサに与るようになりました。しかし、今思い出しても恥ずかしくなるくらいに、神さまのことを、本当に何も分かっていませんでした。

わたくしはその頃、「ヨガ」に凝っていました。高校生の頃からずっとギターを弾いていたのですが、大学に入ってから、「無駄な力の入らない演奏の姿勢を見つけたい」と思うようになり、それがヨガの本を読んでみようと思うきっかけとなりました。

ヨガはすべてのものは「良し」であるという一つの哲学です。その「良し」を受け取ることができるように、体の歪みを正す必要があり、そのために、特徴的な体のポーズや、呼吸を整えるなどの「行」を行う、というのがその基本的な考え方です。

その頃わたくしは、ミサに与りながら、指先に輪を作って印を結んだり、まるで座禅でも組むような不自然な姿勢を取ったりしていたのだと思います。隣でミサに与っていた母は、さすがに見かねて、「やめなさい」と言いました。わたくしは、ミサの中でも、自分のことしか考えていなかったのです。

カミナリが落ちた

そんな時分のある主日ミサの後、所属教会である本所教会の主任司祭の下山正義神父さまから、カミナリが落ちました。当時下山神父さまは、ミサが終わった後の聖堂にミサ出席者全員を残して、毎回必ず二十分ぐらいの、「訓話」というようなお話をなさっていました。

その日は厳しい口調で、「最近の学校の教師はなっていない！」と、話を始められました。話の内容はよく覚えておりませんが、それはまさにわたくしに向けて語られているのだと感じられました。最後に神父さまは、「なっていないその教員は、さも『自分は正しい』と言わんばかりに、作り笑いを浮かべている」というようなことを「ピシャリ」と言われました。

その時、わたくしにカミナリが落ちました。何か「バーン」と音がしたような気がして、その衝撃が全身を貫きました。そして今まで、自分の中で「正しい」と思って拠《よ》って立ってきたものが、すべて崩れてしまったように感じられました。確かにわたくしは、「物事を良しと受け

止められる『自分』」という正しさに立って、笑みを浮かべていたのかもしれないと思います。

その後わたくしは、どうやって聖堂を出たのか思い出せないぐらいに、へなへなになってしまいました。教会の前庭に出てから聖堂を振り返ると、屋根のてっぺんに十字架が見えました。その時わたくしは心の中で、「それではわたしは、一体どうすればよいのですか」と言いました。

後から考えて気付いたのは、その言葉は、下山神父さまに向かって言ったのではなかったということです。

浮かび上がってきた思い

海水浴の時、砂浜で砂のお城を作ったのに、ドーンと大きな波が来て、一呑《の》みで跡形もなくさらわれてしまうことがあります。そんな時、真っ平らになってしまった砂浜に、ぽっかりと白い貝殻が浮かび上がるようなことがあるでしょう。ちょうどその時そんなふうに、まったく突然に、わたくしの心に浮かんできた思いがあります。それは「ヨハネ・パウロ二世の本を読んでみよう」という思いでした。

わたくしはその数年前に、東京の後楽園球場で行われた、教皇ミサに出席していました。大学三年生の冬でした。入場証となるワッペンが、教会から家族に五枚ほど配られていて、両親から「圭三も行く?」と聞かれていました。そして、特に断る理由がなかったので、家族と一緒に参加したのです。

その時、教皇様はわたくしにとって、何の関わりもない人でした。それでわたくしは何の期待も、何の関心もなくミサに参加しました。その日は雪まじりの冷たい雨降りの日でした。しかし、そのミサの中でわたくしの中に大きな感動がありました。理由は分かりません。ただ、確かな感動が「あった」のです。

同じ年の五月十三日、大学のギター部の友人の下宿でギターを弾いていた夜、突然テレビが、「ヨハネ・パウロ二世法王、銃撃を受けて重篤」という臨時ニュースを報じました。そのニュースを聞いた時、わたくしにとって、ただ一度そのミサに与ったというだけのお方であったのに、涙があふれました。その涙が自分でも不思議でした。

それから数年たったその日、わたくしの中に、まったく突然に、「そうだ。ヨハネ・パウロ二世の本を読んでみよう」という思いが浮かび上がってきたのです。

芋づる式に読ませていただく

早速、教会の購買部にあった『ヨハネ・パウロ二世』という本を買って読みました。

その中で就任後間もない教皇が、アシジの聖フランシスコに、とりなしを願う祈りをされていたのを知り、「聖フランシスコとは、どういう方なのだろう」と、その伝記を読むことになりました。

聖フランシスコは、福音書を、そのままに単純に生きようとなさった方だったので、自分も福音書をしっかりと読まないとならないと思いました。

また聖フランシスコの伝記の著者が、リジューの聖テレジアについて触れていたので、聖テレジアについても読んでみよう、ということになりました。

幼児洗礼の者にとかくありがちな、「教会の本など一冊も読んだことがない」というわたしが、こんなことから一時期、「芋づる式」にある程度の冊数を、固めて読ませていただくチャンスをいただきました。そして、「正しさ」とは自分の中にではなく、神さまの中にあるものなのだということを、少しずつ分からせていただいたように思います。

後に、神学校に入ってからですが、「神父さんのカミナリがきっかけとなって歩みが変わった」、ということをお話しすると、下山神父さまは「オレは知らネエなあ」とおっしゃっていました。

「どのように祈ればよいのですか」

幼児洗礼の受け直し

前々回は、わたくしが小学校の教員になってから、「子どもが言うことを聞かない」と怒っていたことがきっかけになって、自分から進んでミサに与るようになったことをお話ししました。前回は下山正義神父さまからカミナリが落ちて、ヨハネ・パウロ二世との出会いが、ふっと浮かび上がってきた、という話をさせていただきました。「『神さまがあなたと共におられます』と祈る」というテーマで書かせていただいているのですが、このお祈りが「どこから、どうやって出てきたのか」を書こうとするうちに、今は自分の信仰の歩みの話になってしまっています。次第にまた、テーマのお祈りに戻っていきますので、もうしばらくお付き合いいただけたら幸いです。

さて、教員になってわたくしは、自分から進んでミサに与るようになり、キリスト教関連の本を読む機会をいただいて、「正しさ」は自分の中にではなく「神さまのうちにある」ことを知るようになってきました。そしてその頃、「どのように祈れば良いのか」と、お祈りの仕方を知りたいと思うようになりました。

わたくしは幼児洗礼ですが、思えばその頃が、「幼児洗礼を自分の意志で受け直した」というような時期であったのではないかと思います。スポンジが水を吸うように、教会に関するいろいろなことがどんどん吸収されていった記憶があります。

普通に祈ればいいの！

そんな時分のある主日ミサの後、聖堂の前庭に立っておられた主任司祭の下山正義神父さまに、わたくしは思い切って尋ねました。「神父さま。どのように祈ればよいのですか」。すると、盛岡出身の下山神父さまは、独特の東北訛りでひと言、「普通に祈ればいいの！」と言われました。その時わたくしは、「凡人には、その『普通』っていうのが難しいんだけどなあ……」と思ったのを覚えています。

しかしその後すぐ、聖パウロが、「絶えず祈りなさい」（一テサロニケ5・17）と言っていたのを思い出しました。それで、「それなら、『めでたし』（アヴェ・マリアの祈り）をずっと祈っていればいいのかな」と思って、その時以来、「めでたし」を「のべつ幕なし式」（「ひっきりなし」の意味）に唱えるようになりました。

何をしていても、とにかく「めでたし、聖寵満ち満てるマリア、主御身とともにまします。……」と、繰り返し唱えていました。意味を考えて唱えているわけではないので、普通の生活をしながら唱え続けることができました。

子どもたちと遊びながらでも、車を運転しながらでも、授業中、黒板に文字を書きながらでも、唱えていたように思います。唱えるというより、BGM（お店などで小さい音量でずっと流れている音楽）のようになっていたのかもしれません。とにかく、「めでたし、聖寵満ち満てるマリア、主御身とともにまします。……」と、繰り返し唱え続けることが、わたくしの「普通に祈る」になっていました。

一人ひとりに注ぐ祈り

意味も考えずに、ただただ唱えていた祈りでしたが、気がつくと、それは人に向けてされるようになっていました。

わたくしが勤務していたのは、公立の小学校でしたので、「市販のテスト」を使用していました。一教科で一学期に7～8枚のテストがあったので、全体ではかなりの枚数になります。

テスト用紙が配られると、ほんのわずかな時間ですが、教室の中が静まって、皆がカリカリと鉛筆を走らせる音だけになる時間が訪れます。わたくしはこの時とばかり、一人ひとりに向かって心の中で「めでたし」のお祈りを唱えていきました。

四十数名の子どもたちの頭を目がけて、たこ焼きの鉄板に、一つ一つ小麦粉の生地を注いでいく要領で、「めでたし、聖寵満ち満てるマリア……」と、大急ぎで唱えていきました。窓側の前列の子から後列に向かって、「めでたし、聖寵満ち満てるマリア……」「めでたし、聖寵満ち満てるマリア……」と、唱えていきました。

唱え続ける途中で「ふーっ」と気が遠くなりそうになることもありましたが、また気を取り直して、「めでたし、聖寵満ち満てるマリア……」と唱えていきました。

一体自分が何をしているのか、自分でも分かっていませんでした。けれどもなぜか、そのように祈っていました。

教員を辞めて三十年になるのですが、「九年間の教員生活の中で、本当に子どもたちのためになるようなことが、一体、何かできたのだろうか」と考えてみるとき、不思議にあの時のお祈りのことが思い出されます。

とりなしの祈り

「めでたし、聖寵満ち満てるマリア、主御身とともにまします。御身は女のうちにて祝せられ、ご胎内の御子イエスも祝せられたもう。天主の御母聖マリア、罪びとなるわれらのために、今も臨終の時も祈りたまえ。アーメン」。

一人ひとりの頭に、このお祈りの言葉を注ぎながら、わたくしは自分が何をしているのかも、このことが子どもたちにとってどういうことであるのかも、分かっていませんでした。でもこのことが、「子どもたちに何か良いことである」とは感じていたのだと思います。

考えてみると、今もまた神学校で三十年前と同じようなことをしています。毎日神学生一人ひとりに向けて、「○○さん、神さまがあなたと共におられます」「わたしは世の終わりまで、いつもあなたと共ににいます」「聖霊を受けなさい。だれの罪でもあなたが赦せば、その罪は赦されます。だれの罪でもあなたが赦さなければ、赦されないまま残ります」と祈っています。

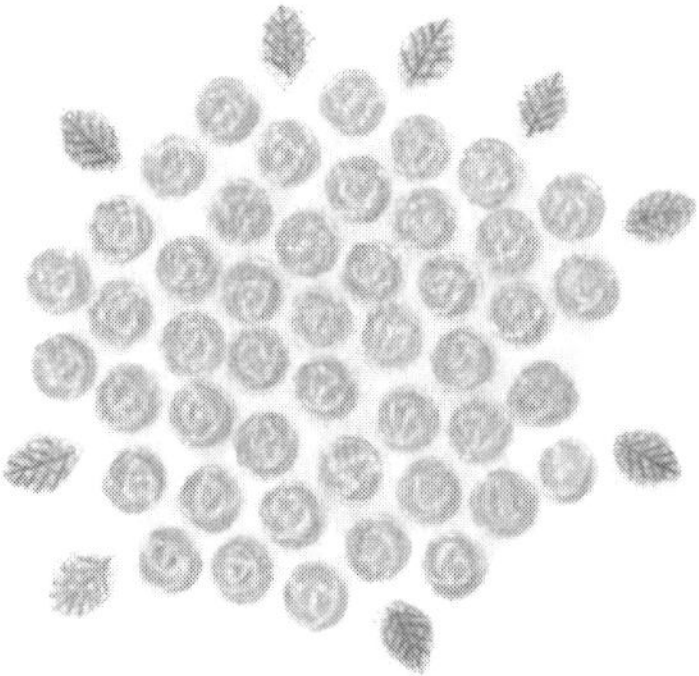

三十年前と違うのは、自分が何をしているのかが、以前よりは分かってきたということです。そしてこのことが神学生たちにとって、どういうことであるのかも、以前よりは分かってきたと思います。

この祈りは、神学生たちの中に復活のキリストを立ち上がらせるとりなしです。

「一番の望みに向かって」

圭三、お前、神父になれ

わたくしは公立の小学校に九年間勤めてから神学校に入りました。教員を辞めて、神父になる道に進んだのは、恩師の下山正義神父さまが、「圭三、お前、神父になれ」と言われたからです。言われなければ、絶対にならなかったと思います。

でも、一回言われて「はい」とその道に進んだのではありません。考えてみると、ずいぶん長い期間にわたって、そう言われてきたのだと思います。しかし、実際に神父さまに言われたのは、合計三回でした。

一度目は小学校一年生の時。日曜日のミサの後、真っ黒いスータン姿の下山神父さまが、わたくしに、「圭三、お前、神父になれ」と言われました。わたくしはその時、「もし、『なる』って言ったら、みんな喜んでくれるだろうな」と思ったのを覚えています。その時、家族や教会の人たちの笑顔が思い浮かんだことを記憶しています。

でもその時の気持ちを、今思い出して言葉にしてみるならば、「でも、だからと言って自分がなる、というのは違うなあ」という感じだったのではないかと思います。

二度目に言われたのは、小学校三年生の時。この時も日曜日のミサの後、下山神父さまがわたしに言われました。二度目はちょっとオマケが付きました。「圭三、お前、神父になれ。なるんだったらナ、ヨーロッパの旅行に連れてってやるゾ」。

その時は、「ああ、行きたいなあ」と思いました。でもこの時も、「だからと言って、自分がなるというのは違うなあ」という感じだったと思います。

ハッキリとお断りした

高校二年の夏に、進路指導の先生から、「受験校と、受験する学部を決めて来なさい」と言われていました。受験科目を絞るためです。

その頃、「神父になるっていうのはどうなの?」という内心の声がありました。それに対してわたくしは、「神父というのは、もっと偉い人がなるものだから、わたしには関係ありません」とハッキリとお断りしました。

すると、お断りしたその瞬間に「神父でないなら、学校の先生になろう」という思いがやってきました。それで教育学部に進むことにしました。一年浪人して「教育学部・小学校教員養成課程」に進学しました。

三回目に「圭三、お前、神父になれ」と言われるのは、二回目から丸二十年先なのですが、それはわたしがその間に、一度「ハッキリとお断りしたからなのかもしれないな」と、ずいぶん後になってから気づきました。

その時々の「一番」を目がけて

その後も、下山神父さまは、時々に声をかけてくださいました。これもずっと後に気付いたことですが、その時々のわたくしの「一番の望み」に目がけて、声を掛けてくださいました。

大学に入って十九歳くらいの頃のわたくしの一番の興味関心は、女の子のことでした。「この人のためなら、すべてを捨てても惜しくない」……そんな人に出会いたいと思っていました。

そんな頃、ミサ後の香部屋で、侍者をしていたわたくしに、下山神父さまは言われました。「圭三、お前、いい嫁さん見つけないとダメだぞ。女にもイロイロいるからな」……わたくしは、どう答えてよいかも分からず「あ、はい」と答えました。

大学を卒業し、就職して教員になると、わたくしの一番は変わっていました。子どもにも親にも信頼され、きちんとした授業のできる、良い教師になりたい、というのがわたくしの一番となっていました。

その頃、ミサ後の香部屋で下山神父さまは、侍者をしていたわたくしに言われました。「圭三、お前、カトリックの信徒として恥ずかしくない、立派な教師になれ」。その時は、わたくしは「ハイッ」と答えました。

その後、以前ここに書かせていただいたように、自分から進んで教会に行くようになり、また、教会関係の本をまとめて読ませていただく機会もいただき、わたくしの一番はまた変わっていきました。「忠実なキリスト者になりたい」……それがその頃のわたくしの一番の思いでした。

その頃、わたくしは「わたしを忠実なキリスト者としてください。でも、神父になるというのはやめてください」とお祈りしていました。それは、条件をハッキリさせておかないと、何となくそうなってしまいそうな気がしていたからです。

そんな時分に下山神父さまは、わたくしに「圭三、お前、教会委員会で働け」と言われました。毎月の委員会に出席し、ミサ毎の教会維持費の受付をしたり、行事

係を担当したりして三年ほど務めました。

そして、わたくしが三十歳くらいになった頃、下山神父さまは、「圭三、お前、神父になれ」と言われました。これが三度目の「神父になれ」でした。もう教員になって七年も経っていたので、最初は「神父さん、まあまあ」と笑ってごまかすような感じにしていたのですが、何年か考えて「良いことだったら、するべきだ」という思いで、神学校に行くことにしました。

神さまから来る望み

「召命」って何だろう。それは神さまが一人ひとりの中に創ってくださった、「一番の望み」を、求め、探し、叩いて歩いていくことではないかなと思いました。下山神父さまを通して、神さまはわたくしの一番の望みへと導いてくださいました。

わたくしは下山神父さまに、「圭三、お前、神父になれ」と言っていただいて、本当に良かった。わたくしも、司祭という奉仕職を通して、少しずつ、少しずつ、自分の一番の望みが何であるのかが、分かるようになってきたのだと思います。

司祭に叙階されて二十四年になりますが、今は、イエスさまと一緒の向きで生きるからだになって、人に「神さまがあなたと共におられます」と祈ることが、「一番の望み」になっていることに気付きました。そして、その望みは、共におられる神さまから来ていると気付きました。

「お祈りが向かうのは『そっち』のこと」

びっくりした！

前回は、下山正義神父さまに三回、「圭三、お前、神父になれ」と言われて神学校に行くことになった、ということをお話しいたしました。一回目二回目は、小学校の低学年の時のことだったので、「神父になれ」と言われたことだけが強い印象として残っています。しかし、三回目はもう大人になってからのことなので、その時に感じたことなどもよく覚えています。

三度目に「圭三、お前、神父になれ」と言われた時の一番の気持ちは「びっくりした！」ということでした。前回もお話ししたのですが、それはもう教員になって七年もたってからのことでした。

小学校の教員は大変でしたが、とてもやりがいのある仕事だったので、自分は一生続けようと思っていました。自分なりにこの道をずっと生きていこうと決めていたのだと思います。

わたくしにとってその時、下山神父さまから「圭三、お前、神父になれ」と言われたことは、例えて言えば、ですけれど、……どこか、駅の北口から南口に向かって、線路をまたいで越えて行くような、長い渡り廊下があって、「自分はここの通路を歩いて向こうに行くのだ」と決めていたのに、壁だと思っていたところに「パカッ」と扉が開いて、そこにホームに下る階段が伸びていて、「こっちにも道があるぞ」と、言われている……という、そんな感じでした。

その時、「自分はここを歩いて行く、と決めていたけれど、自分の人生は「そっち」の道を歩いて行くという可能性もあるのだ」ということに「びっくり」しました。そして「自分の人生は、その道を歩んで行っても良いのだ」という、その選びの「自由」にもびっくりしました。

正しい決意ができるように

だからと言って、すぐに「神父になろう」と思ったわけではありませんでした。その少し以前から、「わたしを忠実なキリスト者としてください。神父になるというのはやめてください」とお祈りしていたように、わたくしにとって神父になるということは、依然として畏れ多いことだったのだと思います。

それでも自分の中では、その道を進むということが「良いことだ」という理解はあったのだと思います。当時から日記を書いているのですが、その頃、二年くらい続けて年末に、「来年こそは、正しい決意ができるようにしよう」ということを書いていました。

しるしが欲しかった

日々の生活の中では、相変わらず毎日、ただいつも「めでたし」のお祈りを唱えていました。学校にいる時も、車を運転している時も、特に意味も考えずに、ただお祈りしていました。

その頃、かなりの大雪の降った時がありました。物好きなわたくしは、車にチェーンを巻いて雪道を走りたいと思ったのです。それで山梨県富士五湖の辺りまで車を走らせました。

「風穴」だったか「氷穴」だったか、景勝地の広い駐車場は一面の銀世界で、人は誰もいませんでした。駐車場の奥は森につながっており、わたくしは車を降りて、足首が隠れるぐらいまで積もった雪を踏みながら、森の中に少し入って行きました。

しーんと静まり返った森の中。見上げると、頭上の木の枝には、どっさりと新雪が積もっています。今考えるとちょっと恥ずかしいのですが、その時、少し情緒的な気分になっていたのでしょう。わたくしは、「主よ、もし司祭に召し出しがあるのでしたら、わたしの上に雪を落としてください」と言いました。

どうなったかと言うと、もちろん何も起こりませんでした。何か、一歩前に進む「しるし」が欲しかったのだと思います。

二つの出来事

その後、もうしばらく時間がたってからですが、もう一度似たような経験がありました。わたくしは職場の小学校まで片道三十分くらいの道のりを、軽自動車で通勤していました。

その頃、言葉にうまく表せない、苦しいような時が長く続いていたのだと思います。ある日の仕事帰りのこと、夜の八時過ぎ、車のハンドルを握りながら、家まであと数分という所で、一度、「主よ、もし召し出しがあるのでしたら、わたしを司祭に召し出してください」と言ったことがあります。それはわたくしにとって、言わば相撲で相手に「寄り切られた」というような感じの出来事でした。

すると、山に登って霧のために何も見えなかったのに、一瞬霧が晴れて、遠くが

「パッ」と見通せた時のような……、あるいは、ザーザー音を立てているラジオのチューニングが合って、「ポン」ときれいな音楽が流れ出した時のような、「一瞬の調和」がありました。

そしてそこには何か、「だいじょうぶだ」という、安心感のようなものがありました。何がどう「だいじょうぶ」なのかもまったく分かりませんでしたが、ただ、その出来事はわたくしにとって、たしかに一歩前に踏み出す励みとなりました。

◇

「主よ」と呼びかけた二つの出来事ですが、その当時は違いも分からず、似たようなことだと思っていました。でも司祭になって、かなりの時間がたってからゆっくり振り返ってみた

時、それはまったく違う出来事であったことに気付きました。

雪の積もった森の中で「主よ」と呼びかけた出来事は、「こっち」でのこと。極端な言い方をすれば、「自分の部屋」のソファーにでんと座って、「召し出しがあるなら、『こっち』にしるしをよこして」と言っているようなものだと思います。

でも、車のハンドルを握りながら「主よ」と呼びかけた出来事は、きっと「そっち」でのこと。うまく言えませんが、圧倒的な力に「寄り切られて」、自分の重心が神さまのお心という「そっち」に押し出されて、その中で「召し出してください」と呼ばせていただいた出来事だったのではないかと思います。お祈りが向かうのは「そっち」のこと。「神さまがあなたと共におられます」と感じるわたくしたちの「こっち」ではなく、「共におられる神さまの真実」という神さまの「そっち」のことだと思います。

「神学校を辞めなくてはならないと思った時のこと」

ガリラヤの家

前回は、「主よ、もし召し出しがあるのでしたら、わたしを司祭に召し出してください」と言った時、一瞬の調和があって、「一歩前に進む励ましをいただいた」ということを話させていただきました。その後、わたくしは「良いことだったらするべきだ」という気持ちで、神学校に入ることを決心いたしました。

今からちょうど三十年前、四月一日に小学校の離任式がありました。最後の挨拶で、「教会の神父になるために、神学校という所に行って、六年間勉強します」と言った時、子どもたちも、親たちも「本当にそんなことがあるんだ」と、深く驚いた様子であったことを覚えています。翌四月二日から、神学校での生活が始まりました。一九九一年は、当時の「新しい養成」が始まった二年目で、初年度は栃木県那須町の山の中にある「ガリラヤの家」で養成を受けることになっていました。最寄り駅である東北新幹線の「新白河駅」の改札口が集合場所で、モデラトール（養成者）のお二人が、笑顔で迎えてくださいました。

ガリラヤの家は、知的障害者の更正施設「光星学園」（現マ・メゾン光星）の一角にベタニア修道女会のご厚意で始めさせていただいた神学校の初年度養成施設です。「光星学園」には、歩いて一時間では一周できないほどの広大な敷地があり、その中に林産部、畜産部、農芸部、手工芸部が置かれ（当時）、入所者の方々が日々作業をしていました。

神学生は週三回午後、彼らと一緒に作業をさせていただき、人と人との交わりということについて、多くを学びました。

ガリラヤの家では、毎日のミサ、祈り、旧約・新約聖書および公文書の通読、ラテン語初歩、那須教会との交流、等々の恵まれた環境の中で、深く自分を振り返る一年をいただきました。わたくしにとってここでの生活は本当に楽しいものでした。

マラソン大会

光星学園では、十月にマラソン大会が行われました。これは入所者、職員が参加する学園の恒例行事で、「神学生も全員参加」ということになっていました。わたくしは運動が得意でもないのに、前の年は東京教区の先輩の神学生が優勝していたので、どこか心の奥で「がんばらなくてはならない」という気持ちが働いていたように思います。

コースは降り三キロ登り三キロの六キロで、高低差は百メートルくらいありました。春頃からずっと走って、練習はしていたのですが、大会当日は、皆さんがすごいペースで走り出したので、それに遅れまいとして無理をして、三分後には、(もう走れない)という状態でした。

それでも聖ヨセフ山の家の前で折り返し、復路を登り始めました。トラピスト修道院の前で、「がんばれー」と声援を送っていたシスターが、わたくしには「稲川さん、がんばらなくていい～」と声をかけたほどだったので、そうとうひどい状態だったのでしょう。それでもただぼんやりとした光に向かって走った覚えがあります。シスターの声がわたくしの最後の記憶でした。

記憶がなくなってからも、一・五キロぐらいは走ったようで、ゴール直前にある「心臓破り」の急坂で倒れたのだそうです。わたくしはまったく記憶がありません。

記憶が戻ったのは、病院に向かう車の中でした。なぜ、どうして自分がここにいるのか、なぜこんなに苦しいのか、まったく理解できませんでしたが、まず心に浮かんできたことは、「自分は神父になれるのだろうか」ということでした。

恐ろしい体験

同級生の服部神学生（広島教区）にオンブされて、診察室まで運ばれた時には、ベンチで診察を待っている人の目が一斉にこちらに向けられていました。その人たち一人ひとりが思っていることが、手に取るように分かると感じられた、不思議な精神状態でした。

診察台に横に寝かされて、酸素マスクをつけられた時、（ああ、この出来事は下山神父さまに報告しなくてはならないな）と思いました。しかし、次の瞬間（待てよ、報告するのは、まず神さまではないか）と思い、心の中で「主よ」と呼びかけたのです。しかし、それに対する答えがまったくなかった！　まるで放送室の壁が音を全部吸い取ってしまうように、まったく何の反応も感じられませんでした。それはものすごく恐ろしい体験でした。

その瞬間、「わたしが神学校に入ったのは、神さまの呼びかけを聞いたのでなく、人間の呼びかけを聞いたのだ」と思いました。そして、今晩にでも荷物をまとめて神学校を出て行かなくてはならないと思いました。「人間の声を聞いて入ってきた者がこんなところにいたら、きっと家族にも、親類にも良くないことが及ぶに違いない」と思ったからです。

主はわれらの牧者

そう決めると、次々と考えが浮かんできました。「帰ったら、本所教会にも挨拶に行かなくてはならないな。神学校行きましたが、やっぱりダメでしたと挨拶をしよう」「小学校にも職員室に行ってちゃんと挨拶をしよう」「子どもたちにもちゃんと話そう」……そんなことを思っているうちに、自分の内に神さまからの答えが返ってくるのを感じ、また喜びが湧き上がってきました。それは本当に大きな喜びと感動であったので、診察台の上に寝たまま、「主はわれらの牧者、わたしは乏しいことがない」と大声で歌ってしまいました。するとドクターは驚いて、脳の異常を疑ったのでしょう、それで、急きょＣＴ検査をすることになってしまいました。

機器に通されている間（ああ、最初に神学校を辞めていくのは、自分だったんだな。現実は本当に分からないものなの

だな）と心の中で言っていました。そして、涙が出てきました。その時初めて、自分は司祭になりたかったのだと分かりました。「良いことだったらする『べき』だ」という思いで入って来た者だったからです。出て行く時になって初めて「なりたかった」と分かったなんて残念だなあ、と思っていました。

診察が終わり、帰る時、モデラトールの今田神父さまに「すぐに荷物をまとめて帰らなくてはなりません」と言うと、神父さまは笑って「圭三さん、まあまあ」と言っていました。

結局この出来事の意味は、神学生時代には分からず、神父になっても長いこと分かりませんでした。いつかまたお話しさせていただければ幸いです。

「圭三、オレの言うことを聞け」

経験を書くことを通して

「『神さまがあなたと共におられます』と祈る」というテーマで書かせていただいていますが、自分の召し出しの歩みの話になってしまっています。でも考えてみると、このお祈りは、今日までの日々の歩みの中で、そう祈るようにと気付かせていただいた祈りなので、自分の経験を書くことを通して、このお祈りをすることの意味を、お伝えすることができるのかもしれないと思うようになりました。

もうしばらくこのような形で書かせていただこうと思います。

圭三、お前、オレの言うこと聞け

神学校に入って、二年目か三年目のことだったと思います。休暇期間中のある日、下山神父さんのところに顔を出しに、本所教会に行きました。「お茶でも飲んでけ」ということだったのだと思います。司祭館の食堂に通されて、テーブルを挟んで座るような感じで、お茶をごちそうになっていました。

すると突然、何の脈絡もなく、下山神父さまがわたくしに「圭三、お前、オレの言うこと聞け。言うこと聞かないとヒドイぞ」と言われたのです。わたくしはすぐに「そんな。わたしが神父さんの言うことを聞かないなんてこと、ないじゃないですか」と答えました。しかし、神父さまは何もお答えになりませんでした。そして、その話はまったくそれだけで終わりで、後はまた違う話になっていったのでした。何かとても不思議な出来事でした。

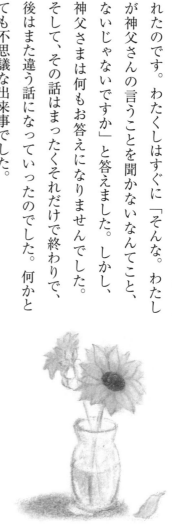

◇

下山神父さまは、大変記憶力の良い方で、昔の出来事なども、まるで今、目の前で見ているかのように話されるお方でした。それが、八十歳を過ぎる頃から、少しずつその記憶力が衰えを見せ始めました。それにつれて、人に対する影響力も、少しずつ低下していかれたような印象を受けました。

その時、わたくしの頭の中に一瞬、「ご自分の影響力が衰え始めているので、わたしにそんなことをおっしゃったのかな」という考えがよぎりました。でも、わたくしはその思いには乗りませんでした。ただ、「圭三、お前、オレの言うこと聞け。言うこと聞かないとヒドイぞ」と言われた下山神父さまの声が、耳の奥に残りました。

人は死んでも死なない

下山神父さまは、わたくしが助祭叙階を受けた年の四月に、帰天されました。八十六歳でいらっしゃいました。下山神父さまが亡くなられた時のことについては、また別にお話しをさせていただきたいと思います。

わたくしは司祭に叙階されてしばらくの間は、「ああ、下山神父さんが亡くなってからの叙階で良かった……」と思っていました。それは下山神父さまが親分肌で、竹を割ったような性格で、また激しいところもありましたので、例えばですが、「オイ圭三、司教がこんなことを言っているが、お前、行って文句言って来い！」……くらいのことは言いかねない方だったからです。「もし生きておられたら、結構いろいろと大変だったぞ……」そんな思いがあったのです。

しかし、人は死んでなくなってしまうものではありません。人は死んでも、決して死なないのです。司祭になってからの日々の経験を通して、そのことはわたくしの中で次第に確かなこととなっていきました。

司祭になってから、いろいろな出来事がありましたが、「ああ、これはどう考えても、下山神父さまが関わっておられるのだな」と思われることが度々ありました。「圭三、お前、神父になれ」とおっしゃった神父さまが、今もその責任を果たしておられるのだと感じていました。

帰天の後に働かれる言葉

司祭になってから、特に最初の十年は、これでもか、これでもかと大変なことがありました。そしてその中にいつも、下山神父さまが関わっておられるのだとうすうす感じていました。

具体的にはうまく話せないのですが、「こうするように」と下山神父さまから示された（と、わたくしが理解した）道は、わたくしの感性に逆らう道でした。それに従うことは、自分らしさを捨てる要求に思われましたし、自分が自分ではなくなってしまうという恐れと痛みを通る道でした。それは、到底自分一人では通れない道であったと思います。

しかし、下山神父さまが「圭三、お前、オレの言うこと聞け。言うこと聞かないとヒドイぞ」と言ってくださっていたので、通ることができました。もし、そう言ってくださっていなければ、決して通ることができなかったと思います。

わたくしは、その道を通らせていただいて、本当によかった。わたくしは司祭になって二十四年目になるのですが、今、とても自由に、また、喜びをもって歩ませていただいていると思っています。

しかし、もし、下山神父さまが「圭三、お前、オレの言うこと聞け。言うこと聞かないとヒドイぞ」と言ってくださっていなかったなら、わたくしの歩みは、もっと違ったものになっていたと思います。自分の個性や感性にしがみついて、自分のやりやすいやり方で、自分の歩きやすい道を選んで、そしておそらくどんどん自分の司祭職を狭めて、苦しいものにしていったのではないかと思います。

神学生であったあの日、なぜそんなことを言われるのか分からなかった言葉ですが、それは下山神父さまが生きておられる間にではなく、亡くなられてから働かれる言葉であったのだと、今は理解するようになりました。

「圭三、お前、オレの言うこと聞け。言うこと聞かないとヒドイぞ」。……わたくしは今も、毎朝この言葉を「下山神父さまの声」で聞いています。呼びかけられる声であるとともに、一緒の向きで生きてくださっている声として、聞いています。

「神父さまの生涯が縦に入った」

死んでも生きている

前回は、「下山神父さんが亡くなってからの叙階で良かった……」と思っていた時があった、という「大変失礼なこと」を書きました。でも、こんな失礼なことを書けるのは、下山神父さまが、死んでも生きておられるお方だからなのです。「オレはナ、死んでも生きてるんだゾ。ザマアミロ！」くらいの軽口は平気でおっしゃる方だと思うので、安心して失礼なことも言うことができます。

しかしながら、下山神父さまが死んでも生きているということを、わたくしは、最初は知りませんでした。しかし少しずつ、そして、はっきりと知るようになっていきました。今日はその始まりとなる、神父さまが亡くなられた時のことについてお話しさせていただきたいと思います。

「来たッ！」

下山神父さまが亡くなられる年のお正月に、お年賀のために本所教会の司祭館を訪ねました。下山神父さまは、三十九度ちょっと熱があるとのことで、氷枕をして休んでおられました。この三月に、同じ本所教会出身の、浦野助祭の司祭叙階式と、わたくしの助祭叙階式があることをお話しすると、「じゃあ、オレはまだ生きていたほうがいいんだナ」と言っておられました。時折、まぶたの間から覗かれる目は、子どものような目でした。

わたくしが下山神父さまに最後にお会いしたのは、亡くなる数日前のことです。助祭叙階式が無事終わってから、入院しておられた慈生会病院にお見舞いに行きますと、神父さまは眠っておられました。三十分ぐらい待っていて、目が開きかけた時「圭三です」と言うと、うれしそうな顔をされました。「何かあったのか」と聞かれるので、「神父さんをお見舞いに来たのですよ」と言うと、「ああ、そうか」と言って、またお休みになってしまわれました。わたくしにとって最後となったその言葉も、やはり人を気遣う言葉でした。

九日後、神学校の受付で電話番をしていた時、会計室のシスターが入って来ました。そして、「このようなものが参りましたが……」と言って、送られてきたファックスを、同室で仕事をしていた、当時のモデラトールの幸田神父さん（元東京教区補佐司教）に手渡しました。すると幸田神父さんは、わたくしの方を見て、「来たッ！」と言われました。わたくしはその瞬間、直観的に下山神父さまが亡くなられたのだと分かりました。

一九九六年四月二十四日、午後九時二十五分、アントニオ修道院長・下山正義神父さまは天に召されました。八十六歳、司祭叙階五十七年でいらっしゃいました。嗚咽《おえつ》がこみあげてきて、その日の昼食のパスタは、まったく味がしませんでした。

押し寄せる存在感に向かって

ファックスが来たのは、帰天された翌日の昼前のことでした。その日の夕刻に、仮通夜が行われるということで、黒服に着替えて、ご遺体の置かれている本所教会に向かいました。

下山神父さまがもうこの地上にいらっしゃらないという現実が、わたくしにはどうしても納得がいきませんでした。反対に、全身を駆けめぐるほどの存在感として感じられました。教会に近づくにつれてその感じは一層強まっていきました。

バス停から教会までの百五十メートル足らずの道のりを、わたくしは押し寄せて来る存在感に向かって、まるで「流れるプール」を、流れに逆らって歩く時のような足取りで進みました。

教会に着き、聖堂に入ると信者さんが棺の前に立っておられました。まさに今生きている人と話しをしておられるようでした。どの信者さんも、棺の前で、いつものとおり下山神父さまと話しておられるように見えました。

信者さん一人ひとりの存在、下山神父さまとの目に見えない交流の現場を見た時、わたくしは、「神さまが共におられる」ということを感じないわけにはいきませんでした。

そして生前、神父さまがわたくしにしてくださったすべてのことを通して、神さまがあわれみを表してくださっていたことを思った時、復活の力が、わたくしの中で確かな力となって立ち上がりました。それは、うまく言えませんが、それまでのわたくしの三十七年間を、見守り、祈り、この「時の世」において一緒に生きて導いてくださった、下山神父さまの八十六年間のご生涯が、丸ごとわたくしの「今」

ということの時に「縦に入った」というような経験でした。

聖書で、「復活する」と訳されている言葉の一つに、ギリシャ語の「エゲイロー」があります。これは「立ち上がる」という意味の言葉です。復活とは、弟子たち一人ひとりの中に、イエスさまのご生涯が縦に入って立ち上がり、永遠という重さとなって、共に生きるいのちとなられた出来事ではないかと、後にわたくしは思うようになりました。

一番いるべき人がいない

その晩に行われた仮通夜には、大勢の方が来られました。聖堂入り口には、中に入りきれなかった参列者の方々が、「立錐《りっすい》の余地もない」という程に詰めかけていました。わたくしはその時、「ああ、こういう時いちばん居るべき人が、今日はいないのだ」と思いました。下山神父さまは、このように大勢の人が集まった時、大喜びで話して、遺憾なく本領発揮し、人を爆笑させながら、神のあわれみとその義を力強く説かれる、そんなお方だったからです。

入り口に詰めかけていた方々は、式が終わってからも、ひと言も言葉を発することなく、まるで福音書の群衆のような素朴さで、聖堂内に心を向け続けていました。しかし、そのすぐ背中の教会の前庭では、小・中学生ぐらいの子どもたちが、一心にサッカーに興じていました。敷きつめられた砂利を蹴散らして、時々歓声を上げながら遊んでいました。その風景は、懐かしい風景でした。「子どもの頃、要理教室（教会学校）の後は、いつもこうだったよなあ……」と思いました。

あの仮通夜の日、下山神父さまはいらっしゃらなかったのではなく、若々しい元気なお姿で、そこにおられたのだと気づいたのは、ずいぶん後になってからです

「父のこと」

父の信仰告白

恩師の下山神父さまが帰天された翌年の三月に、わたくしは東京カテドラルで司祭叙階の恵みを受けました。司式してくださったのは前前東京教区長の、故ペトロ白柳誠一大司教さまです。

当時大司教さまは、叙階式を行うに当たって、式当日の式の前に、受階者の家族を司教館にお呼びして、ご挨拶をなさっていました。式の二時間ぐらい前だったでしょうか、両親とわたくしは司教館の二階の応接間に通され、司教さまが来られるのを待っていました。当時の司教館は木造りの重厚な建物でしたので、緊張した面持ちで待ちました。

大司教さまは、赤い縁飾りの入ったスータンを着て応接間に入って来られました。そして、両親に向かって「大切なご子息を、教会のためにおささげくださり、ありがとうございます」と言って頭を下げられました。

すると父は、「この子は、わたしの家族の、宝のような子です」と言いました。ゆっくりと、一つ一つの言葉を、何かを表明するかのような響きをもって答えていました。

わたくしはその言葉をそばで聞きながら、不思議な気持ちがいたしました。それは何か、父が自分の子どもの自慢をするという言葉でもなく、大司教さまに対するお願いでもなく、むしろ父の、神さまへの信仰告白のように聞こえたからです。

その時は確か、母は何も話しませんでした。大司教さまは、しばらくの沈黙をもってその言葉を受け取ってくださり、その後、「ありがとうございました」という言葉で、ごくごく短い面会は終わったのです。

早春の海

叙階式は午後二時から始まりました。神学校に入って以来、毎年先輩の神学生たちが叙階されて司祭になっていく姿を見てきました。「叙階の儀」の中で、受階者が床にひれ伏し、参列者全員が連願を歌って、聖人たちにとりなしを願う場面があります。わたくしは六年間ずっと、「もし、自分が叙階される時が来たら、一体あの時、何を思うのだろう」と思っていました。

ついにその時がやって来ました。連願が繰り返されている間中、その祈りの声が、砂浜に寄せては返す波の音のように感じられました。「司祭叙階前の黙想」を、鎌倉にあるモンタナ修道院でお願いしたので、散歩の時に歩いた、早春の七里ヶ浜の波打ち際の記憶が重なったのかもしれません。会衆の皆さんと聖人の皆さんの祈りが、たっぷりと、温かく、繰り返し、波のように寄せては返していました。

式後、「新司祭の任地は、西千葉教会」と発表されました。

言葉にならないことば

着任はご復活後であったので、叙階式後の一か月ほどは司牧実習先であった関口教会でお世話になりました。西千葉教会に着任する日の午後、実家に顔を出してから教会に向かうことにいたしました。両親は元気にしておりました。体に気をつけて、と言っていました。「それでは行ってきます」と実家の玄関を出ると、母はいつものように窓から手を振ってくれていました。

バス停まで数分の距離の道を歩いておりますと、「圭三」と呼ばれたような気がして振り返ると、父が後ろから早足で来ていました。バス停の前の写真屋に写真を取りに行くところなのだと言っていました。バスが来るまでのしばらくの間、父は何かをわたくしに伝えようとしているのが分かりました。しかし、うーんと目を閉じて言葉になりません。これから小教区で働こうとしている自分の子どもに、何か助けになる言葉を伝えようと、思いめぐらしているのに違いありません。

父は小学校を出るとすぐ親元を離れ、川口の鉄工場に住み込みで少年工として働き、二十歳前後に軍隊に召集され、北海道で終戦を迎えました。下町の鉄工場で働き、結婚して五人の子どもをもうけ、毎週教会に通って、素朴な信仰で家族を支えてきてくれました。大変なことはたくさんあったでしょうが、でも誠実に生きてきてくださったのです。

結局バスが来て、父の口からは何も言葉がありませんでしたが、父の姿そのものがことばになっていたのだと思います。

二十四年前のその日の日記に、「父を通して、神さまは語ろうとしておられる」と書いてありました。本当に、そのとおりであったのだと思います。

一緒の向きで生きるいのちに

父は、病気らしい病気をしたことがない人でしたが、九十歳の頃、脳に腫瘍が見つかりました。手術を受けてからは、入退院を繰り返し、七年前に天に召されました。九十一歳でした。

父が亡くなった日、病床訪問先に向かって運転していたわたくしの携帯に、実家で父の面倒を見ていた姉から電話が入りました。「十二時二十五分、父が心肺停止になり、救急隊員の方から『延命措置をどうするか』と尋ねられているが、わたしには分からない」ということでした。わたくしは急きょ、父の搬送先の病院に向けて車を走らせました。

はやる気持ちを抑えて、高速道路を飛ばしながら、「神さまがあなたと共におられます」と、繰り返しお祈りをしていました。そして、もし父が亡くなるなら、その時、お別れを言いに来る、というのでなく、一緒の向きで生きる者として、何かを知らせてくださるに違いないと、勝手にそう思っていました。

運転しながら、「ああ、そうだ。弟にもちゃんと連絡しないと、自分だけ連絡が遅かったと、いじけてしまうかもしれない」と思い、電話をしました。運転中であったので、「お父さんが、今、心肺停止と聞いたから、お祈りして」とだけ伝えました。

病院の最寄りのインターで高速を降りた時、また姉に電話をしました。姉は「圭三、今どこ？　ああ、お父さんねえ、亡くなったよ。十三時五分だった」と言いました。電話を切った後、もしかしたらと思って携帯の発信記録を見ると、それはわたくしが弟に電話をかけた時刻でした。

父はわたくしと一緒の向きで生きるいのちになってくださいました。父は家族に誠実な人であったので、わたくしも神さまの家族である教会に、もっと誠実に生きなくてはならないと思うようになりました。

「母のこと」

きっかけは映画

わたくしの母は、五人姉妹の四女です。姉妹たちは五人とも東京墨田区のカトリック本所教会で幼児洗礼を受けています。母の母方の祖父母が熱心なカトリック信者であったので、母の両親は、子どもたちへの洗礼を強く勧められたのでしょう。しかし、母たち一家は、普段教会には通っていなかったようです。

母たちが教会に通うことになったきっかけは、戦後間もなく上映された「我が道を往く」という映画だったそうです。ビング・クロスビー（歌手・俳優）が演じる、主人公の若い神父がとてもすてきだったので、「自分たちも教会に行こう」ということになったということです。

五人姉妹の上の四人がそろって本所教会を訪れた時、母は十八歳。そのときドタドタと玄関に出てきた神父は、下山正義神父さまでした。痩せぎすに黒の丸眼鏡のスータン姿は、映画のイメージとまったく違って、「面食らった」のだそうです。しかし母はそれから教会に通うようになり、姉妹会に入って、その頃青年会にいた父とお見合いをして、結婚することになりました。

下山神父さまが結婚式をしてくださり、五人の子どもが生まれました。神父さまは姉・兄・兄・わたくし・弟に洗礼を授け、洗礼名も選んでくださいました。

わたくしはパウロ三木という霊名をいただきました。本所教会は「日本二十六聖人教会」だったからです。

親に心配をかける子

わたくしは幼少時に体が弱く、ジフテリアとか、急性喉頭炎とかにかかり、風邪を引くとすぐに喉がひゅーひゅーいうような症状が出て、両親をずいぶん心配させたのだそうです。

しかし、一番心配させたのは、四歳の時の交通事故でした。父の仕事場である鉄工所の近所の車道を、三輪車で横断しようとして車にはねられたのです。

母は「圭三ちゃんが車にはねられて、耳と口から血を流していた」という、人からの話を聞いて、病院に急ぐ途中(ああ、自分は子どもを一人失ったのだ)と覚悟をしたと言います。そこはわたくしのお産のために母が入院していた病院でした。

しかし、幸いに頭蓋骨にひびが入っただけで、一か月の入院で済みました。脳波を計るためだったのでしょうか、頭にたくさんの電線がつながれていたことをかすかに覚えています。昔、兄弟たちに、「もう、圭三は本当に心配ばかりかけて親不幸をしているよ」と言われていた記憶があります。

とてもかなわない

小学校二年生になった時も、また母を心配させました。休み時間に、雲梯《うんてい》（遊具）から落ちて顔を地面にぶつけ、上唇を切ってたくさん出血したのです。父の工場でパートの事務をしていた母のところに、学校から電話があり、母は急いでタクシーを拾って学校に来ました。玄関に待たせてあったタクシーに乗って、母はわたくしを連れて病院に向かいました。そこは四歳の時に入院した病院でした。

診察室に入ると先生は、わたくしの手を引いて入って来た母を見て、「あれ、お母さん、その手をどうなさいました？」と言いました。母の手はひどく出血していたのです。母はその時、初めてそのことに気づいて、「タクシーのドアに挟んだのかもしれません」と言っていました。

先生は、「お母さんのほうがひどいから、先にお母さんの治療をしましょう」ということになりました。わたくしはその後、唇を二針ほど縫ってもらって帰りました。夕食の時、その話題になって、「お母さんは、慌てん坊だねえ」などと言って子どもたちと一緒に笑っていました。

でも、この年になってつらつらと考えてみるに、「自分の手が縫うような怪我をしているのに、そのことに気づかないほど、だれかのために慌てるなどということが、一体自分にあるだろうか」と問うならば、「うーん」とうならざるを得ません。

計算してみると母はその時、三十七歳でした。わたくしはとうの昔にその年齢を過ぎました。こういう「とてもかなわないなあ……」というような出来事を通して、神さまがご自分を現しておられたことを思うと、涙が出ます。

圭三はいいねえ

父と母は仲のよい夫婦で、いつも一緒にいました。子どもたちがそれぞれ就職し、独立してからも、毎週日曜日には一緒に教会に通っていました。

高齢になってからも、手押し車を押しながら毎日二人で買い物に来る姿が、近所のスーパーでも評判になっていたと聞きました。

七年前、父は九十一歳で帰天しました。「父が亡くなってしまったら、一体、母はどうなってしまうのだろうか」と、子どもたちはずいぶん心配しましたが、がんばって生きてくれました。このことはまたお話しさせていただきます。そして昨年の秋、母は九十二歳で帰天いたしました。

母が亡くなる五日前の日曜日の晩に、ご聖体を持って自宅にいる母を見舞いました。母は一階の寝室に一人で寝ていました。「圭三です」と声をかけると、目を覚まして、「圭三神父さん」とうれしそうな顔をしました。思えば、母はいつでもわたくしの訪問を喜んでくれました。

母は長いこと通信講座で俳句を習っていたので、「お母さん、また俳句を作ってくださいね」と言うと、「ああ、そうだねえ」と言っていました。「お母さんが始めの頃に作った『はたはたと 飛ぶ秋蝶の 黄色かな』という俳句が気に入っているんですよ」

と言うと、「そうだったかねえ」と言っていました。

そして母はわたくしを見て、「圭三はいいねえ」と言いました。それは温泉に入って、「ここのお湯はいいねえ」という時のような言い方でした。そして「圭三神父さんはかっこいいねえ」と言いました。するとまた、すーっと眠ってしまいました。それはわたくしが母から聞いた最後の言葉になりました。

母はわたくしと、わたくしの司祭職を、「いいねえ」、「かっこいいねえ」と言ってくれました。わたくしも神さまからの「良し」を人に伝えていく者にならなければと思いました。

「母に話した復活の話」

「父と同じ病院で」

前回、父と母がとても仲のよい夫婦であったとお話しいたしました。高齢になりお互い物忘れがひどくなっていきましたが、両親はいつも一緒にいました。

父が九十歳になった時、脳腫瘍が見つかり、手術を受けることになりました。母は父の手術を受け入れていましたが、心配が募《つの》ってしまったのでしょう。父の手術の四日前に倒れて、救急車で運ばれ、緊急入院となってしまいました。「たこつぼ型心筋症」という、ストレスが原因とされる病気と診断されました。

父の手術の当日、母は父と同じ病院の病室で、安静剤で眠っていました。約九時間かかった手術の間、待合室で兄弟たちと、「お母さんが入院して眠っている間で、本当によかったね」と話していました。母はこの時間を、きっと耐えられなかったのではないかと思うからです。

手術はうまくいき、父は家に戻ることができました。しかし、その後も入退院を繰り返し、およそ一年後に、父は九十一歳で天に召されました。震災から三年目という記憶に残る日でした。

わたくしたち兄弟は、父が亡くなってしまった後、母は一体どうなってしまうだろうかと心配していました。

父の前で母と

翌日、父の遺体が安置してある居間の隣の食堂で、家族が集まって葬儀の相談をしていました。すると母が、「お父さんは寝ているだけだよね？」と言い出しました。姉と兄は顔をしかめて、「何で今、お父さんの写真を選んでいるの？　お父さんが亡くなったからじゃないの」と言いました。母は「ああ、そうか……」と顔を曇らせました。でもしばらくするとまた、母は「寝ているだけだよね？」と言うので、姉は母に「お父さん亡くなったでしょう？　圭三神父さんと、お父さんの所に行って話していらっしゃい」と言いました。

わたしは母と二人で父の前に座って話をしました。「お父さんは今まで、お母さんを守ってきました。亡くなったから守らなくなることがある？　ないでしょう。お父さんは今までも、言葉だけでなく、行動と真実をもってお母さんを守ったでしょう？今、お父さんは全身全霊でお母さんを守っている。お母さんの中に、お父さんは生きているんですよ。お母さんがそのことを受け取らなくても、お父さんは生きているんですよ。それがお父さんと神さまの真実なんですよ」と言った時、母はちょっと「ハッ」としたようでした。

そして「お父さんがお母さんの中に立って生きているということが、『復活』ということなんですよ」と話すと、母が、「お父さん、今起き上がってくれないかな」と言うので、わたくしは続けて話しました。

「お母さん。お父さんが今起き上がることよりも、本当に大切なのは、お母さんの中にお父さんが起きて、立ち上がって生きることなんだよ。ラザロの甦《よみがえ》りの話を知っているでしょう？　ラザロは布でぐるぐる巻かれて起き上がったでしょう。ラザロはまた、何年かしてもう一回死んだでしょう？　でもイエスさまの復活は違いました。弟子たち一人ひとりの中に、イエスさまは生きて立ち上がった。それが復活。お母さんは復活を信じますか」と言うと、母は「信じます」と言いました。

「そう、信じなくてはならないでしょう？　わたしの中にお父さんは復活していますよ。お父さんは、わたしと同じ顔と体の向きで、今、立って生きておられますよ。お母さんは、

お父さんが生きて一緒に立っておられるのを信じますか?」と言うと、母は泣きながら、「信じます」と言いました。そして「何だか少し寂しくなくなった」と言いました。

父と一緒の向きで生きる

「そう。それが一番大切なこと。お父さんは圭三にも、お母さんにも、みんなにも立ってくださる。生きている時は、一人の人と顔を合わせていたら、ほかの人とは顔を合わせられないけれど、死んで新しいいのちに入ったならば、神さまと一緒に、すべての人と一緒に生きるいのちになる。お父さんが一緒にいてくれるのに、そのことに出会わないなら、もったいないでしょう?」と言うと、母は「もったいない」と答えました。

わたくしは「本当にもったいない。だから出会わなくてはならないんだと思うよ」と答えました。すると母は、「もう、どうでもいいとか、会えなくなって嫌だとか、駄々っ子みたいな気持ちになったらどうしたらいいの」と言いました。わたくしは「人間なんだから、そういうことがあるのは当たり前。でも、お父さんに『神さまがあなたと共におられます』と祈ったらいいと思うよ」と答えました。

するとと母は「お父さん、なんだか頬っぺたに赤みがさしてきたみたい」と言いました。「それは、お母さんの中にお父さんが立っているのを、お母さんが認めたから」と答えました。

母は、「そしたらそれからどうするの?」と言いました。「そうしたら、お父さんと一緒の向きで生きることだと思う。お父さんは、物事を悪く考えないで生きた人でしょう?」「憎ったらしいくらい、そうだった。人の悪口を言っても、それに乗ってこない。若い頃『わたしなんかは、お父さんみたいに聖人じゃない』と言ったら、すごく怒った……」「そう。お父さんは、今お母さんの中に立ってくださっているのに、『わたしなんか俗っぽい人で、お父さんなんかと違う』って言っていたら、お父さんは怒る?また悲しむでしょう?」「はい」「だから、お父さんが、お母さんと一緒に生きていることを信じる。復活を信じる。それが大切なこと。お母さんはお父さんの復活を信じますか?」「信じます」。そう言うと母の顔が少し上がってきました。

母は、「いいお話をしてくださってありがとうございます。ああ、こういうことを、お父さんが生きている間に、ほんの少しでも知っていたらと思う」と話していました。

横顔は父の顔

母は「お父さんの歳までは生きないといけないね」と言って、九十二歳まで生きてくれました。

亡くなった時、孫たちが「前から見るとおばあちゃんの顔だけど、横から見るとおじいちゃんの顔だね」と言って笑っていました。父は本当に一緒の向きで生きていてくださいました。

「東洋くんのこと」

二年目のはじめに

「『神さまがあなたと共におられます』と祈る」というテーマで書かせていただいています。自分が人にそのように祈っていて、とても良いことだと感じているので、お勧めしたいという気持ちで書き始めて一年が過ぎました。書いている内に、自分の召命の歩みのような内容になってしまいましたが、自分の経験を書くことを通して、このように祈ることの意味をお伝えできるのかもしれないと考えて、個人的な体験を書かせていただいております。必ずしも出来事の順序どおりに書いていないので、読み手の皆さんを混乱させてしまったらごめんなさい。

あんちゃん、ありがとう

わたくしの父は六人兄弟の上から二番目です。六人とも本所教会で幼児洗礼を受けているはずなのですが、なぜか父とその弟の保朗おじさんだけが、洗礼台帳に記載されていません。

六人兄弟は男男男男女男という構成だったのですが、下の二人、靜江さんと東洋くんは、昭和二十年三月十日に起こった、下町の東京大空襲のために戦災死されていま す。六年生と四年生であったと聞いています。

わたくしが司祭になって、十年ぐらい過ぎた頃でしょうか、一度だけ父に、亡くなった二人のことについて尋ねたことがあります。父は小学校を出るとすぐに、川口の鉄工場に住み込みで少年工として働きに出てしまったので、二人のことはあまりよく知らなかったようでした。二人はそれぞれ、父と十一歳、十三歳離れていたからです。父はそんなに口数の多い人ではないのですが、それでもぽろっぽろっと二人のことを話してくれました。

静江さんのことは、小学校五年生の時、背中におんぶして学校に通っていたのだそうです。背中の静江さんが泣き出すと、教室から出てあやしたりしていたので、「あの時、算数の分数が分からなくなってしまったんだよなあ」と話していました。

東洋くんのことは、最後に会った時のことを話してくれました。おそらく、大空襲があった年か、その前の年ぐらいのことだったのではないかと思います。

父は川口で成長した後、昭和十八年に兵隊検査で合格し、横須賀第三海兵団に入隊しました。その後、相模野、館山と部隊を移り、北海道の美幌《びほろ》に派遣される時には、「午後〇〇時、上野駅集合」の命令で、半日の自由時間が取れたのだそうです。

その日、父は東京江東区の実家に寄ったと言います。「家にはおっかさんと東洋だけがいたんだよな。その時、軍隊の配給で出た、お砂糖のかかったお煎餅があったから、東洋にやったんだよ。そうしたら、東洋っていうのが、『あんちゃん、これもらっていいの？　ほんとにいいの？　ありがとう。ありがとう』って何べんも何べんも、ありがとうって言うんだよなあ。ただのお煎餅に砂糖をかけてあるだけのものだったのになあ……」と、父は腕組みをしながら、じっと目を閉じていました。

その話を聞いた時、わたくしの中に東洋くんが立ちました。それまではただ、昔お父さんには一番下に妹と弟がいた、というだけのことだったのです。

わたくしは子どもの頃から「何か自分の中には、感謝する心があるなあ」と感じていました。その時、「ああ、この感謝は、東洋くんの感謝だったのだ」と分かりました。その時、わたくしの中に東洋くんが立ったのです。その時から東洋くんは、わたくしにとって、とても身近な人になりました。

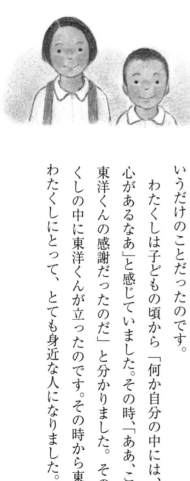

福松さんのお祈り

下町が空襲で焼け野原になった時、下山正義神父さまは、大森教会の主任でした。下山神父さんは本所教会が焼けたと聞いて、牧野神父さんと二人で、自転車で焼け跡に来たのだそうです。するとご人の信者と思われる人が、聖堂のあった場所を測って、この辺に聖櫃《せいひつ》があったのだろうと言いながら、ひざまずいて祈っていたと言います。

神父さんたちは持ってきた弁当を食べていたのですが、その人は一時間以上もそこでじっと祈っていたのだそうです。「それが本所で最初に出会った信者で、稲川福松さん（わたくしの父の父）だったと後で知った」と、下山神父さんは話していました。

空襲の後、福松さんは、夕方になると「東洋～静江～」と大声で呼びながら、何日も何日も焼け野原を歩いて、探し回ったのだそうです。それでも二人は見つかりませんでした。

焼け落ちた聖堂の聖櫃の前で、福松おじいちゃんが何を祈ったかは、今となってはまったく分かりません。けれども、男の子の内、一人は神父になってほしいと願っていたという祖父母なので、あるいは（もし生きて返してくだされば、司祭になるようにささげます）と祈っていたのかもしれない、と想像いたしました。

トミおばあちゃん

祖父の福松さんはわたくしが小学校二年生の時に亡くなられましたが、祖母のトミさんはわたくしが大学四年生になるまで長生きされました。

わたくしは中学一年の冬、肺炎に罹《かか》り、四十度近い熱が続いて、一か月以上自宅で療養していました。回復期になっても口の中が苦くて、食べ物をあまり受け付けませんでした。

しかしその時トミおばあちゃんが、不思議に一週間、毎日家まで通ってくれて、わたくしにパイナップルの缶詰を一缶ずつ食べさせてくれました。緑色のラベルの缶詰を開けて、黄色い輪っかのパイナップルをわたくしの口に運んでくれました。なぜか、それは口が苦くなったわたくしにも食べられたのです。

一週間毎日、午前中の同じような時間に来て、パイナップルの缶詰を一缶食べさせてくれました。どうして、そうしてくださったのか分からないのですが特別な優しさを感じて、わたくしは元気になっていきました。東洋くんになさっていたのかな？　いつの日かお会いした時に尋ねてみたいと思います。

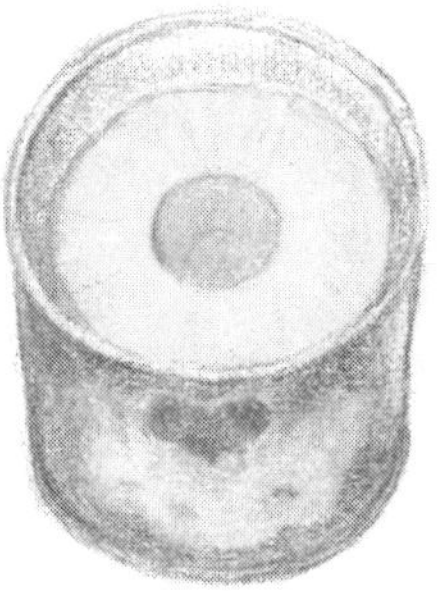

自分の中には、亡くなられたたくさんの方々が生きています。その方々に「神さまがあなたと共におられます」と祈ります。

「幸いの記憶」

いちばん古い記憶

皆さん、ご自分が覚えておられるいちばん古い記憶は何ですか。ここ数回、この誌面で下山神父さまのこと、父のこと、母のこと、東洋くんのこと……と思い起こしているうちに、ふと自分のいちばん古い記憶のことに心が向きました。わたくしのいちばん古い記憶は、泣いている記憶です。

一歳の時か、二歳になってからなのか、大体そんな頃のことだと思います。わたくしは部屋の窓際に寝かされていて、泣いていました。目が覚めたらお母さんがいなかったからです。

さぞかし大きな声で泣いていたのでしょう。隣の加代ちゃんというお姉さんがやって来て、わたしをあやしてくれましたが、泣きやみませんでした。それはお母さんではなかったからです。そしてお母さんが帰って来ると、わたしは泣きやみました。それはお母さんが帰って来たからです。

後年になってから母にこの時のことを聞いてみたら、なんでも、父に頼

まれて、商店街の郵便局まで、記念切手を買いに行っていたのだそうです。「圭三が寝ている間に」と思って急いで出かけたら、行列ができていて、並び始めてから半分後悔しながら並んでいたと言っていました。

聖アウグスティヌスは『告白録』の中で、「神さまはわたくしたちを、ご自身に向けてお造りになった」ので、わたくしたちの心は「あなたのうちに憩うまで、安らぎを得ることができない」のだと言っています。わたくしのいちばん古い記憶の体験を思う時、わたくしはこの聖アウグスティヌスの言葉を、素直に「そうだなあ」と受け取らせていただくように思います。

満たされた時

「記憶」つながりで話させていただくのですが、わたくしの中には、「幸い」の原風景というような記憶があります。それはひと言で言うと、何か「満たされた時」という記憶です。

わたくしが五歳ぐらいの頃のことだったと思います。ある朝のこと、その日は目を覚ました瞬間に完全にすっきりと目覚めておりました。家族は皆まだ寝ていて、わたくし一人だけが目を覚ましていました。

雨戸が閉まっていたので、部屋の中は暗かったのですが、黒い雨戸の隙間から、真っ青な空が見えていました。そしてそこから斜めに射し込んだ朝日に、部屋の中の小さなほこりが照らされて、きらきらと光の筋ができていました。ほこりは輝きを放ちながら、舞うようにゆっくりと動いていました。これがわたくしの「幸い」の記憶です。

当時、わたくしたち家族が住んでいた家は、東京江東区の下町にあって、戦後すぐに建てられた木造平屋のぼろ家でした。居間は六畳一間だけだったので、そこに父と、母と弟、兄とわたくしが一緒の布団で寝ていました。玄関には二段ベッドが置かれていて、そこに姉と上の兄が寝ていました。

一家七人がその狭い家で、一体どうやって生活していたのか、今ではよく思い出せないくらいなのですが、でも、その朝のことははっきりと覚えています。それはなぜだか分かりませんが、不思議に「満たされた時」でありました。そしてそれは今でも「幸い」の記憶としてわたくしの中に残っています。

秘跡に関わる仕事

話の内容もその時も、急に飛んでしまって、申し訳ありません。わたくしは公立の小学校の教員をしていましたが、勤めて九年目に神学校に行く決心をしました。その時、まず東京教区の面接がありました。養成担当司祭と司教さま方、六～七名を前にしての面接で、とても緊張したことを覚えています。

当時の補佐司教さまが、わたくしに質問されました。それは、「人との関わりについて言うなら、教区司祭になったら、週に一回、あるいは人によっては月に一回、一時間足らずのミサの関わりがあるだけ。一方、今、稲川さんは学校の教師という、大変濃密な人間関係を生きる機会に恵まれているのに、どうして司祭になりたいと考えるの？」というものでした。わたくしはその時、「たぶん、わたしは秘跡に関わる仕事がしたいのではないかと思います」と答えました。

わたくしは、主任司祭の下山正義神父さまに「圭三。お前、神父になれ」と言われて、何年か考えて、「良いことだったら、するべきだ」という思いで神学校に行くことを決心した者であったので、「どうして司祭になりたいのか」とは考えたことがありませんでした。

けれども「どうして司祭になりたいの」と問われてその時考えて、わたくしは「秘跡に関わる仕事がしたいのではないか」と答えました。わたくしがその時「秘跡」という言葉で考えていたのは、ミサのことでした。

わたくしにとってミサとは、物心つく前から与り続けてきた、何か畏《おそ》れ多い、とても大切なものでした。でも、どのように大切なのかは、その時はまだ、よく分かっていませんでした。

神さまが満たしてくださる

あの時から、三十年がたちました。司祭になってから今年で二十五年になります。今はミサについての思いがもっとはっきりしてきました。ミサはわたくしたちが、「あなたのうちに憩い、安らぎを得る」ようにと招かれている、交わりへの招きであるということです。そして、同時に、その招きを、わたくしたち一人ひとりを通して、人に伝えていくように遣わされる、派遣であるということです。

以前は、ミサは畏れ多いものという気持ちが強かったのですが、今はとても好きになりました。聖体を皆さんに配り終えて、着席すると、聖堂の中は静かになります。わたくしは会衆の皆さんに向かって、「神さまがあなたと共におられます」と祈ります。

その時、雨戸の隙間から光の筋が射し込んだあの「幸い」の時と一緒になります。そして、今も、あの時も、わたしたちの創り主であるお方が、ご自分のいのちでわたしたちを「満たしておられる」のだと気づかせていただきます。

「愛していたら　好きになった」

日時計の前で

わたくしは神学校に入って神父になる前は、公立の小学校の教員をしていました。九年間勤めさせていただきました。以前お話ししたのですが、わたくしが教師になったのは、深い考えがあったからではありません。

高校二年生の夏に進路を決めなくてはならなかった時、「神父になるっていうのはどうなの？」と言う内心の声がありました。それに対してわたくしは、「神父というのは、もっと偉い人がなるものだから、わたしには関係ありません」とハッキリとお断りしました。すると、お断りしたその瞬間に「神父でないなら、学校の先生になろう」という思いがやって来ました。それで教育学部に進むことになったのです。一年浪人して教育学部の小学校教員養成課程に進みました。

大学を卒業した春、教員採用試験に合格していたので、千葉県習志野市の小学校に「四月一日着任」の辞令が出ました。前々日の三月三十日に、学校長との面接のために、初めて勤務地となる小学校を訪れました。

新学期の準備のために、ジャージー（体操服）姿で忙しそうに立ち働く先生方を横目に見ながら、わたくしはスーツにネクタイ姿で校長室のドアをノックしました。ソファーに深々と腰を下ろした校長は、わたくしの履歴書に目をやりながら、ニヤッと笑って、「アンタは五人兄弟なんだから、社会性はあるんだろうな」と言っておられました。

ごくごく短い面接が終わって、ほっとした気持ちで外に出ると、校長室前の植え込みの中に、立派な日時計が据えられているのが見えました。明後日から毎日、この日時計の前を通って職員室に向かうことになります。

その時、わたくしの心の中に「ふっ」と浮かんできた思いがあります。それは、「この学校を去る時、この日時計の前を通るわたしは、一体、何を思うのだろうか」ということでした。

知らないでいることの恵み

わたくしはその学校には七年間勤務しました。離任式の後、受け持っていた子どもたちに揉《も》みくちゃにされながら日時計の前を通りました。その時、初めてここにやって来た日のことを思い出しました。

そして、とうとうやって来たその日、わたくしが思ったこととは、「教員になるのがこんなに大変だと知っていたら、自分が教員になるとは言えなかっただろう」ということでした。そして同時に、「もし教員にならなかったなら、ここで頂いたたくさんの恵みに出会うことはできなかった」ということでした。

わたくしは、子どもが好きで教師になったわけではありません。でも、自分なりに一生懸命子どものために働いて、子どものお世話をするうちに、子どものことが好きになりました。それは自分にとって、とても不思議なことでありました。

「神さまだ！」

わたくしが勤務していたのは公立学校でしたので、神さまのことは学校では一切話せません。もし話そうものなら、すぐ親を通して教育委員会に電話が入ったでしょう。しかし教職七年目になったわたくしは、子どもたちに伝えるべき、最も大切なことは、神さまのことだと思うようになっていました。

転任直前の、三学期の最後の日、もう移動することが分かっていたわたくしは、最後に、受け持っていたクラスの子どもたち（四年生）に話しました。

「先生には、尊敬する人がいて、その人のことを話さなかったら、今まで皆に言ったり、したりしてきたことの意味がなくなってしまうかもしれないと思っているんだ」と言うと、子どもたちは「先生、そんな心配させるようなこと、言わないでよ。先生が尊敬している人って一体だれなの？」と言いました。それでわたくしは、「わたしが尊敬している人は、イエス・キリストです」と言いました。すると、クラスの皆が一斉に、大声で「神さまだ！」と言ったのです。

不思議なことですが、わたしは尊敬する「人」と言いましたが、子どもたちは皆、「神さまだ」と言いました。

叙階・思い出した日時計

わたくしが二校目に移った頃、下山神父さまはわたくしに、三度目の「圭三、お前、神父になれ」を言われました。それで二年ぐらい考えて、「良いことだったら、するべきだ」という思いで神学校に入ることになりました。

わたくしにとって、神学校での六年間は恵みの時でした。九年間の教員生活の中で身に付いた固い枠のようなものが、一度ゆっくりとほぐされ、神学校での学びと共同生活の中で整えられながら、再度、より自由なかたちで形作っていただいたのではないかなと思っています。

小学校を退職して六年後の三月二日に、わたくしは司祭叙階のお恵みをいただきました。その時、あの日時計のことを思い出しました。「教員になるのがこんなに大変だと知っていたら、自分が教員になるとは言えなかっただろう」と思った「あの時」のことです。

司祭叙階に当てはめるならば、「司祭になるのがこんなに大変だと知っていたら、自分が司祭になるとは言えなかっただろう」ということになります。そしてその時、「きっと、そうなのだろう」と思いました。

果たして、そのとおりでありました。叙階されて半年たった時、もう十年はたった、という気持ちでした。「半年前に叙階式……一体、そんなことがあっただろうか」というような思いでした。

一年後、後輩の司祭叙階式に出て、ミサの中で祈った時、涙が出て止まりませんでした。それは「こんなに大変な仕事を受けるために、今、一人の人が前に進み出ようとしている」という思いからでした。

しかし日時計が教えたのはそれだけではありませんでした。「もし司祭にならなかったなら、決して出会うことができなかったたくさんの恵み」についても教えてくれました。

わたしは、人が好きで司祭になったわけではないのですが、司祭として一生懸命働いて、人にお仕えするうちに、人のことが好きになりました。人を大切にして愛するうちに、人のことが好きになったのです。

「『愛する』と『好き』」

目から鱗《うろこ》が落ちる思い

前回、「愛していたら 好きになった」というタイトルで書かせていただきました。その関連で「愛する」と「好き」ということで思い出されたことがありましたので、話させていただきます。

神学校に入って、四年目くらいだったでしょうか。ある時、普段はローマで働いておられる神父さまなのですが、その方が日本に立ち寄られた機会に、その方から単発で講話をしていただいたことがあります。「せっかくだから、神学生たちに何か話してやって」と、頼まれて神学校に話しに来てくださった、ということだったのだと思います。

教室に神学生が、十五～六名いたでしょうか。その神父さまはいきなり神学生に、「『愛する』と『好き』はどう違うの？」とお尋ねになりました。その時、神学生たちが、何らかの答えを言ったのかどうかは、よく覚えていないのですが、その神父さまは言われました。「あのね。『好き』はこうこうこういうことで、『愛する』はこうこうこういうことで、『違うこと』なの」とおっしゃいました。（「こうこうこういうこと」

……の中身は後でお話しいたします)。

わたくしはその話を聞いた時、「へえ～っ!」と、心底びっくりいたしました。わたくしはその時まで「愛する」と「好き」の違いは、「程度の差」くらいにしか考えていなかったからです。でも、はっきりと「違うこと」だと教えられて、まさに「目から鱗が落ちる」思いでした。

三十年近く前の事なので記憶が曖昧《あいまい》で、話の要点は違っていないと思いますが、後から自分が思ったことの要素が混じっているかもしれません。そのことをあらかじめお断りさせていただきます。その神父さまは、このようなことを話されました。

「好き」と「愛する」は違う

「好き」って言うのは、相手が持っている何らかの性質、要素、要因が、わたしたちの感性を引き付けること。例えば、相手の見た目とか、しぐさとか、そういう「相手の持つ性質」が「わたしたちの感性」をぐっと「引き付ける」というのが「好き」。

対象は別に人でなくても一緒。たとえば、アイスクリームの持っている甘さとか、冷たさという要因が、わたしたちの味覚とか触覚とかの感性を引き付ける、というのが「好き」。

そしてその際、その関係は主従関係。引き付ける「相手の性質」が主人。引き付けられる「わたしたちの感性」は従者。「好き」とはそういう主従関係。

相手がわたしたちを、引き付けてくれる限り、「好き」は続くけれど、引き付けてくれなくなったら「好き」が終わる。主導権を持っているのは常に相手の持っている何らかの「要因」。

それに対して、「愛する」はまったく違って、「自分」という意志の座に立って、そこから「相手」に向かっていく、主体的な行為であり、態度であり、選び。

例えば、「相手を思いやる」とか、「相手を大切にする」とか、「自分は損をしても相手に得をさせる」とか、それらは常に自分の意志の座から発する選びであり、態度であり、行為。

それらは決して主従関係などではなく、絶えず自分が主となって行う、主体的な行為で「好き」とは本質的に違うこと。だから、「嫌いでも愛する」ということがあるでしょ？

神父さまはそのようなことを話されました。

◇　◇　◇

イエスさまの命令

そしてその神父さまは、話のオチにこんなことをおっしゃいました。「君たち、神学生。将来司祭になるんだよね。聖書に『互いに好きになり合いなさい』という教えがなくて良かったねー。そんなのできっこないんだから。それは人間には土台無理なこと。でも『互いに愛し合いなさい』っていう教えは書いてある。これはイエスさまの命令だから、しなくちゃいけないのよ」。

この話を聞いた時、大きな驚きとともに、わたくしの頭の中にそれまでの自分の、いろいろな人との関わりが次々と浮かび上がってきました。そして「あの時のあの人との関わりは、『好き・嫌い』の範疇《はんちゅう》のことだったのだな」「あの時、あの人が言ってくれたあのことは『愛する』というところから言ってくれたことだったのだ」「何の気なしに、友達に言ったあのひと言は、『愛する』というところから出た言葉だったのだな」……と、それら一つ一つの出来事にあった関わりの質の違いが、覆われていたベールが取り去られたかのように明らかになったのでした。

嫌いでも愛する

この神父さまが話してくださったことは、その後もずっと記憶に残っていました。それは「好き」と「愛する」ということについて明確な「視点」を与えてくれる話であったからです。

考えてみると、この話でわたくしがいちばん驚いたのは、「好き・嫌い」に関して言えば、相手が持つ何らかの性質が「主人」で、その影響を受けるわたくしたちの感性は「従者」であるという点です。それは言いかえるならば、「好き・嫌い」は、「自分の力ではどうにもできない」面を持っているということです。

その神父さまがおっしゃったように、イエスさまは「自分の力ではどうにもできない」ことについて、わたくしたちに命令をされていません。しかし、わたくしたちが自分の意志を持って行うことのできる「愛する」ということについては、お命じになっておられます。しかも、「好き・嫌い」を超えて「愛する」ようにとお命じになっておられるのです。

「敵を愛し、自分を迫害する者のために祈りなさい」（マタイ5・44）。イエスさまの命令は明確です。「敵」も「自分を迫害する者」も、「好き・嫌い」で言えば、「嫌い」の部類です。しかし、「愛しなさい」と言われます。

「好き・嫌い」は自分の力ではどうしようもない面があります。そのことについてイエスさまはわたくしたちに命令なさりません。しかしイエスさまは、好きであっても嫌いであっても、「愛しなさい」と命令されます。

わたくしは、相手のことを好きであっても嫌いであっても、「神さまがあなたと共におられます」と祈らなくてはならないのだと理解しています。

「自分の責任を果たす」

神山《こうやま》訪問

前回、「愛する」と「好き」というタイトルで書かせていただきました。その中で、イエスさまがわたくしたちに命じておられるのは、「好きになること」ではなく「愛すること」なのだとお話ししました。その記事を書いているうちに、自分が本当に大事にするべき「中心点」を、はっきりと「教えられた体験」があったことを思い出しましたので、今回はそのことを書かせていただきます。

わたくしが神学生として学んでいた頃、東京カトリック神学院では、院の行事として春と秋の年二回、神学生たちは静岡県御殿場市にある「神山復生病院」を訪問していました。神山復生病院は、一八八九年に、パリ外国宣教会のテストウィド神父によって設立された、日本で初めてのハンセン病医療所です。

わたくしが神学生であった当時は、ハンセン病を発症した方は、らい予防法（一九九六年廃止）の定めによって療養所に強制隔離され、一生そこから出られないという処遇の時代でした。

神学生の神山訪問は一泊二日の日程でした。到着すると先輩に連れられて病室を訪問し、入所者の皆さんのお見舞いをしたり、お話を伺ったりしました。

懇親会の出し物

夕食の後、毎回病院のホールで懇親会が行われました。テーブルが横一列にずらりと並べられて、向こう側に入所者の皆さん、手前側に神学生たちが座り、向かい合わせになったテーブルの真ん中にはお茶とおまんじゅうが一人ひとりに用意されている、という設定になっていました。

ホールに出て来られる方は比較的お元気な十数名でした。けれども大多数の方々は、病室でスピーカーから流れる音に耳を傾けながら、懇親会に参加しておられるのだということでした。

「目が見えなくなっても、耳は最後まで聞こえるから、出し物は必ず音の出るものがよい」と先輩たちから言われていました。それで神学生たちは、合唱や、漫才や、寸劇等々を、出し物として準備していました。

絶対に嫌です

ある年、わたくしは先輩から「稲川くん、ギター弾けるだろ。出し物で弾いてよ」

と言われました。わたくしは「絶対に嫌です」と断っていました。わたくしは「指が動いて音は出ても、自分から何も出て行かない」ということを知っていたからです。

ハンセン病を発症して、隔離生活を余儀なくされ、一生そこで暮らすことを受け入れている皆さんは、ある意味感覚の研《と》ぎ澄《す》まされた方々であるに違いありません。恐らくそういう方々の前でギターを弾いて、「自分の中に何もない」ということを知られるのが怖かったのだと思います。それで「絶対に嫌です」と断っていたのです。

しかし、先輩にどうしてもと迫られ、しぶしぶ承知しました。年配の方が多かったので、古賀政男さんの曲を二曲ばかり練習して当日を迎えました。

懇親会でギターを演奏し、一応拍手をいただいて、わたくしはおまんじゅうとお茶が置かれている自分の席に戻ってきました。するとわたくしの真ん前に座っておられた七十歳代の男性が、「なあ、アンタ。アンタの演奏を聞いた感想を聞かせてやろうか」と言ったのです。

わたくしは直観的に（ああ、これは自分が聞きたくないことを言われるのだ）と分かりました。わたくしは「あ、はい、お聞かせください」と言いました。するとその方は言われました。

「あのねえ、アンタの自信のないギターの音なんて、か細くて聞こえなかったよ。人がアンタの演奏をどう聞くかは、その人の責任。アンタの責任じゃない。でも、どう弾くかはアンタの責任。自信を持って弾け」。

そう言われた瞬間、わたくしは心の中で絶叫していました。「だから弾きたくなかったんだ。そんなこと初めから分かっていたんだ。それに自分で弾きたくて弾いたわけじゃないんだ。それにしてもこの人は、そこまで言うことはないじゃないか。わたしに何か恨みでもあるのだろうか」。そう心の中で絶叫していました。そして、「もう、二度とギターなんか弾くものか」と思っていました。

わたくしのいのちの責任

神学校に帰ってからもきっとわたくしはブツブツ言っていたのでしょう。そんなわたくしにある先輩が一枚のカードをくれました。外山富士雄さんという方の詩の書かれたカードです。それは、わたくしに意見してくださったそのお方のものでした。

『ですの譜』　外山富士雄

善いと判断したら
やってみるんです。
生きている証明にです。
失敗したら失敗を
踏み台にするんです。
次のチャンスを
見つけるんです。
幸せなら誰かが
不幸を忍耐しているんです。
ありがたいことです。
不幸ならその分だけ
誰かが幸せなんです。
よろこんであげるんです。
神は人間の親なんです。
子供に父母があるようにです。
幼児イエズスは神に対する

人間の姿です。
手放しの信頼です。
人生は生きることなんです。
復活の栄えをいただく
ためにです。

この詩は外山さんの生き方そのものだと思いました。外山さんは人の責任に頓着《とんちゃく》して、自分の責任を果たしていないわたくしを見て、喝を入れてくださったのだと思います。「人がどう聞くかは、その人の責任。アンタの責任じゃない。でもどう弾くかはアンタの責任。自信を持って弾け」。……外山さんはわたくしのいのちの責任の中心点がどこにあるのかを、はっきりと教えてくださったのです。

後にわたくしの中で、外山さんの言葉は、イエスさまの「人の子は、仕えられるためではなく、仕えるために来た」（マルコ10・45参照）という言葉とつながりました。イエスさまは人から「言ってもらう」ために来たのではなく、「言うために」来た方。わたくしはその方の弟子として、人に「神さまがあなたと共におられます」と言うことが、わたくしのいのちの責任だと気づきました。

「自信がない」

自分の中に何もない

前回、神学生時代に神山復生病院を訪問した時のことをお話しいたしました。その際「自分の中に何もない」ということを知られるのが怖かったのだと書きました。今回は「自分の中に何もない」ということに触れて、気づかされたことを書かせていただきたいと思います。

わたくしはずっと、自分が何をしたいのか、何になりたいのか、自分の中に何があるのか、分かりませんでした。以前書かせていただきましたが、高校二年の夏に、「神父になるっていうのはどうなの」という内心の声がした時、「神父さんっていうのは、もっと偉い人がなるものだから、自分には関係ない」と、はっきりお断りしました。その瞬間、「では、神父でないなら学校の先生になろう」という思いがやってきました。それで小学校の教員になりました。でも、それでも自分が何をしたいのかよく分からなかったのです。

教員になって分かったことは、子どものために一生懸命働き、お仕えするうちに、子どものことが好きになったということです。

教員の仕事は大変でしたが、やりがいのある仕事であったので、一生続けようと思っていました。

しかし、恩師の下山正義神父さまに「圭三、お前、神父になれ」と言われて、「良いことだったらするべきだ」という気持ちで教員を辞めて神学校に入りました。それでも自分が何をしたいのか、何になりたいのかよく分かっていませんでした。

これも以前書かせていただきましたが、神学校に入った年に、マラソン大会で倒れて、「神学校を辞めなくてはならない」と思ったことがあります。その時、「残念だったなあ」と涙が出て、その時初めて「自分は神父になりたかったのだ」と分かりました。それでも自分が何をしたいのか、何になりたいのかよく分かっていたわけではありませんでした。

ひそかな憧れ

六年間の神学校生活を経て、司祭に叙階されました。叙階されてからの日々は大変で、絶えず自分が皆さんに向かって「割《さ》かれていく」というような感覚があったように記憶しています。叙階されて半年たった時には、「もう十年はたった」と感じられたくらいでした。そしてそれは、「自分の中には何もない」ということを、よりはっきりと分からせられていく時であったように思います。

わたくしは依然として、自分が何をしたいのかが分からず、自分の中に何もなく、また、自分のする判断に確信もなく、自信がなく、そしていつも「自分にはビジョンがない」と感じていました。

ところで、教員をしていた頃から「怖いなあ」と思いながらも、ひそかに心をひかれ、心に残っていた聖書の言葉があります。エレミヤ書の言葉です。

主の名を口にすまい
もうその名によって語るまい、
　と思っても
主の言葉は、わたしの心の中
　骨の中に閉じ込められて
火のように燃え上がります。
押さえつけておこうとして
　わたしは疲れ果てました。
わたしの負けです。（エレミヤ20・9）

きっと、自分にはまったく無いことだったので心に触れたのでしょう。そして、「もしそんなふうであったら大変だ」という思いがあったのと同時に「自分の中にも、そんなにはっきりとしたものがあったらいいのに……」という憧れも、どこかに持っていたのだと思います。

確かに違ってきたこと

司祭に叙階されて今年で二十五年になります。「自分の中に何もない」ということについてはまったく変わりがありません。でも今振り返ると確かに違ってきたことがあると気付きました。

神学生の時は、「自分の中に何もない」ということを人に知られるのが怖かったのですが、今は違います。「自分の中に何もない」ということを知られても、怖いと思わなくなりました。なぜなら、何もないその中に、「神さまが共にいてくださる」と知るようになったからです。

まったく何もないところに、神さまが一緒にいてくださると知ることは、何もないという恐れを凌駕《りょうが》する、まったく比較にならない大きな喜びです。このことは、ぜひ、皆に告げ知らせたい「良いお知らせ」です。

そのことを、いつ分からせていただいたのかは、よく分かりません。しかしそれは、人のために祈ることを通してであったのだと思います。人のために祈る時、わたくしの体の中で、共にいてくださる神さま、イエスさまが一緒の向きで祈ってくださっているからです。

今振り返ると、教員時代に何も分からずに、子どもたち一人ひとりの頭目がけて「めでたし」（アヴェ・マリアの祈り）を祈っていたあの時、その祈りを創ってくださっていたのは、共にいて一緒に生きてくださっている神さまであり、イエスさまであったのだと思います。

少しずつ分かってきたこと

この原稿を書いていて、長年分からなかったことが、少しずつ分かってきました。わたくしが「自分の中に何もない」と感じてきたのは、まったく何もない中に共にいてくださる神さまに出会わせていただくための、招きであったのだと思います。「自分に自信がない」のは、イエスさまへの信頼がそこに入るために、場所が空けられていたのだと思います。そして、「自分が何をしたいのか」については、わたくしの中に一緒に生きてくださっている、イエスさまがなさっていることを、自分もしたいのだと分かってきました。

わたくしは自分の中にイエスさまが一緒の向きで生きてくださっていると理解していますが、イエスさまがなさろうとしていることが何であるかは、よく分かりません。それで、とにかく人に「神さまがあなたと共におられます」と祈っています。

そのように祈っていると人への愛が湧いてくることがあります。でもそれは、決して自分からのものではないと分かります。神さま、イエスさまからのものと理解し、人のためにお祈りをします。「ひそかな憧れ」についても、何かのお返事をいただいているのかもしれません。

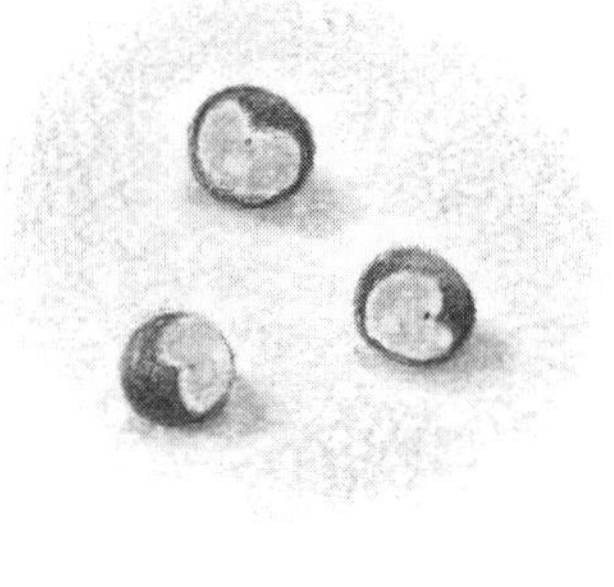

「お前は今、幸せなのか」

カトリック日韓学生交流会

前回、「自分が何をしたいのか」ということについて、ずっと分からなかったのが、少し分かるようになってきたということを書かせていただきました。わたくしの中に一緒に生きてくださっているイエスさまがなさっていることを、自分もしたいのだと分かってきたと書きました。

そのことに触れて、また思い出されたことがありましたので、書かせていただきます。

前にも書きましたように、司祭に叙階されてからの日々は本当に大変で、特に最初の十年は、これでもか、これでもかというように、次から次に大変なことがありました。でも、今考えるとそれらは「本当に大切なこと」に出会わせていただくための、導きであったのだと思います。

叙階されて三年目に、カトリック日韓学生交流会という行事との関わりが始まりました。一九九九年の第四回交流会から、二〇〇七年の第十三回まで参加しました。その間、第五回から十回までは、日本側の代表という責任を負うことになりました。

この交流会は、日韓の司教の交流を元に、「学生の間でも交流を」と始まったもので、韓国と日本で交互に開催されました。交流会の内容は、相手の国の学生を二十人ほど招き、自分の国の学生たちと、ホームステイを含む一週間の交流会をする、というものでした。翌年は招かれた側が、相手を招いて一週間の交流会を企画いたしました。

韓国に行く年はまだ良かったのですが、韓国チームを迎える年は大変でした。日本側の参加者が集まらなかったり、ホームステイの受け入れ口がなかったりして、おまけに言葉も分からず、青年活動の経験もないわたくしは大変苦労しました。

「幸せな方」マリア

責任者になって初めて、日本が受け入れる側になった年、交流会の期間中に韓国側の神父たちと一緒に、食事に行く機会がありました。わたくしはきっと疲れた顔をしていたのでしょう。韓国側の代表の神父が、わたくしに「圭三、お前、今幸せなのか?」と聞いてきました。

わたくしはすぐに答えて、「そりゃあ、バンザイバンザイ、わたしは幸せだ、というような幸せではないけれど、でも、自分は今、幸せなのだと思っているよ」と言いました。そこには何か、自分に言い聞かせるようなところがあったかもしれません。

考えてみると、社会に出て教員として働いていた頃は、日々の生活を生きていくために、訳も分からず、でも必死に、ただ「めでたし」(アヴェ・マリアの祈り)を唱えていました。しかし、神学校に入ってからは、哲学や神学を学んでいくうちに少しずつ、祈るより先に、頭で考えて生きるような面が大きくなっていたのかもしれません。そんな中で駆《か》け出しの司祭生活を生き始め、「何が本当に大切なのか」が分からないままに、日々を走っていたのかもしれません。

カトリック教会は聖母マリアのことを「幸せな方」と呼んでいます。その頃のことを思い出してみると、マリアさまという方についても、何か自分のことと同じように考えていたような気がします。「そんな、バンザイバンザイ、あなたは幸せな方だ、というような幸いではないけれど、でも、幸せな方であるに違いない」と、どこか頭で考えて受け取っていたようなところがあったかもしれないと思います。

神さまが共におられる神秘

司祭に叙階されて、五年がたち十年がたちするうちに、さまざまな人や出来事との出会いの中で、「本当に大切なこと」が何であるのかを少しずつ教わってきました。体験を通して出会わせていただいた、本当に大切なこととは、「神さまが共におられる」という神秘のことです。そして、小教区という社会に出て働き始めると、教員として働いていた頃のように、「絶えず祈る」ということなしには生きていけないということが、またはっきりと分かってきました。

叙階十年頃のわたくしが、信徒の皆さんにお勧めしていたのは、相手の方の上に、ただ「アヴェ・マリアの祈り」を唱えるというお祈りの仕方です。ジョウロで植物に水をかけてあげる要領で、ただその人の上に「アヴェ、マリア、恵みに満ちた方、主はあなたとともにおられます」というお祈りを注いでください、とお勧めしていました。

「『元気に育って』と百回願っても、水をかけてあげなかったら、植物が育たないでしょう。それと同じで、わたくしたちの願いよりも先に『主が共におられる』という神秘への信頼を注ぐのです」とお勧めしました。

「わたくしたちは日々の生活の中でいつも相手の方のうちに、また自分のうちに、神さまが共におられるという神秘を見続けることは難しいことだと思います。しかし、マリアさまはたぐいまれな『神さまが共におられる』という神秘の受け取り手なので、相手をも自分をも『神さまが共におられる』という神秘に優しくつないでくださるのだと思います」とお伝えしました。

この頃「マリアさまは、本当に幸いな方だ」と心から思うようになりました。そしてその頃、もし「圭三、お前、今幸せなのか？」と聞かれたら、「うん。幸せだよ」と答えたはずだと思います。神さまが共におられる神秘を祈ることが、自分のしたいことだと気付き始めたからです。

イエスさまがなさる業《わざ》

難しい関係にある相手にも、どうしても受け入れることができない相手にも、何かを願うより先に、「アヴェ・マリアの祈り」を相手に注いで、とお勧めしてきましたが、そのお祈りを知らない「信者でない方」にはお勧めできませんでした。それで、いつ頃からか「神さまがあなたと共におられます」とお祈りくださいね、とお勧めするようになりました。このお祈りだと、信者さんでない方にも、簡単にお勧めできるからです。

そして人に「神さまがあなたと共におられます」と祈ることは、実は、まず自分の中に共にいてくださるイエスさまがしてくださっている業なのだと気付いてきました。イエスさまと共に働くことは、本当に幸いなことです。

「許せない人、三十人」

一本の電話

前回、信者さんでない方にも「神さまがあなたと共におられます」とお祈りくださいとお勧めするようになった、と書きました。そんな中で、今日は特に印象深く覚えている出来事を書かせていただきたいと思います。

かなり前のことになりますが、教会に一本の電話がありました。ご自分から名前を名乗られる、きちんとした電話でした。「神父さんという方にお会いして、お話を伺うことができるのでしょうか」と言われるので、「もちろんできますよ」と答えました。それで「三日後の夕方四時に」と約束をして電話を切りました。今、大学二年生だと言われる信徒でない男性の方でした。

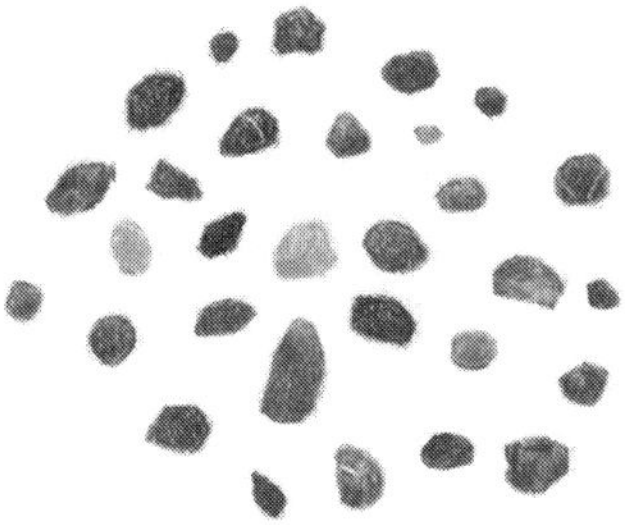

三日目の約束の日の午後は本降りの雨で、空は夕暮れ時のように暗くなっていました。「これは、今日は来られないのではないかなあ」と思っておりますと、約束の時刻きっかりにドアのチャイムが鳴りました。扉を開けると、まさに今

どきの大学生という感じの青年がそこに立っていました。見たところ、何か特別に深刻な相談事があるようにも見えませんでした。

本当の自分の守り方を

そのお方のご相談は、ご自分は昔悪い事ばかりしてきたので、今は償いにボランティアとかをしている。今まで、人を傷つけることでしか自分を守れなかった。今は学校でなんとかやっているが、いつか我慢できなくなってしまうかもしれないのが怖くて、どうしたらよいでしょうか、というものでした。

わたくしは、「方法は簡単です」と前置きしてから、「あなたさまには『許せない』という人がいらっしゃいますか？」と聞くと、「はい」と言われました。「何人か（複数という意味）おられるのですか」と聞くと、「はい」と言われました。「何人くらいいらっしゃるのか、人数をお聞きしてもいいですか」と聞くと、その方は、「はい、ざっと三十人くらいです」とおっしゃいました。それを聞いてわたくしはびっくりしてしまいました。

「あのう……もし差し支えなかったら、それがどんなことであったのか伺ってもよろしいですか」とお尋ねしました。その方は、「はい」と言って話し始められました。

人の中に神さまを認める

「小学校の時、わたしはいじめに合いました。先生も含めてクラスの人たちが、わたしをまるではけ口のようにして、悪いことは全部わたしのせいにしました。両親もわたしを守ってくれませんでした……」。そう言っておられました。

「分かりました」とお答えして、わたくしはその方にお話しをさせていただきました。「何よりも大切なことは、神さまがすべての人と共におられること。わたくしは、神さまは一人ひとりの中に、同じ向きで一緒に生きてくださっている方だと思います。だから、それを認めて生きること、それが『新しい生き方』です。あなたは人との関係を新しくなさりたいですか」と聞くと、その方は「はい」と答えられました。「あなたは、共にいてくださる神さまに信頼して、その新しい関係を創っていく望みを持っていますか」と聞くと、「はい」と答えられました。

それでは、「その方々に『神さまがあなたと共におられます』とお祈りすることがおできになりますか」と尋ねると、「それは無理です」とお答えになりました。「そうですか。それではわたくしも一緒に言いますので、一緒にその方々に『神さまがあなたと共におられます』と祈っていただけませんか」と言うと、「それならできるかもしれません」と言われました。

新しいいのちの守り方

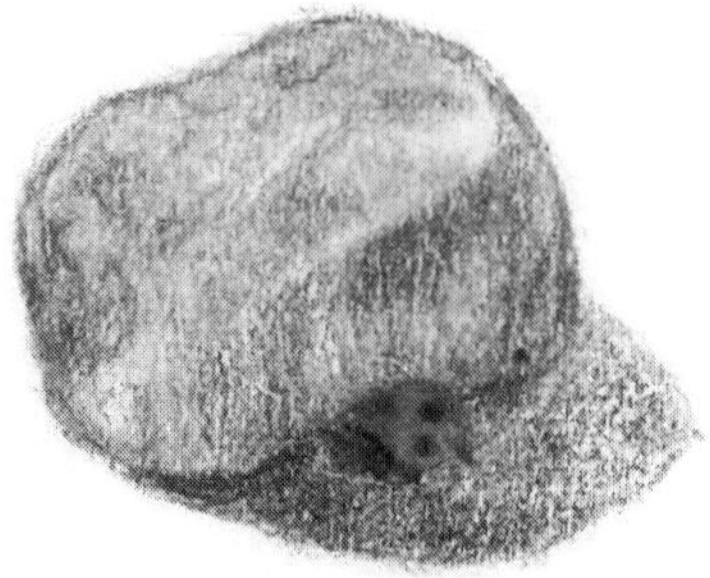

「では、まずいちばん許せないという方はどなたですか」と聞くと、「先生です」と言われました。わたくしは以前教員をしておりましたので、ドキッとしました。「そのお方に呼びかけてお祈りしたいので、名前を教えていただけますか」と言うと、「分かりません。忘れました」と言われたので、またびっくりしました。「では、ご一緒にその先生に向かってお祈りを言いますね」と言って一緒に祈りました。

その方は、顔をしかめ、本当に苦しそうに「かーみーさーまーが、あーなーたーとーとーもーにー、おーらーれーまーすー」と絞り出すような声で祈られました。「ありがとうございます。次に許せないのはどなたですか」と言うと、「両親です」と言われました。それでまた同じように祈りました。その方はやはり顔をしかめ、絞り出すような声で祈られました。ご両親のお名前はさすがに覚えておられました。

「次に許せない人がありますか」と聞くと、即座に「はい」と言われました。クラスの人でした。「お名前は」と聞くと、「分かりません。忘れました。わたしをいじめなかった五～六名の他は、名前は全部忘れました」と言われました。そのことにも驚きを覚えました。

その後、次々と同じように祈って「他に許せない方がありますか」「はい」と、一人ひとりに祈っていきました。名前は忘れても、顔はありありと残っているのだろうかと思われました。指折り数えて十三人になった時、その方は「だいたいそれくらいです」とおっしゃいました。

「あなたは今祈ってくださったが、それはあなたと共におられる神さまがあなたと一緒に祈ってくださったのだと思います。この祈りをあなたが祈る限り、だれもあなたのいのちの根幹《こんかん》を傷つけることができません。だからご自分を無視する者にも、ご自分を否定してくる者にも、このように祈ってください。これが新しい自分のいのちの守り方だと思います」と話しました。

そして、「あなたが祈った時、あなたの中でキリストが一緒の向きで祈られたのだと思いますよ」と言うと、その方は「そう思います」とおっしゃいました。

人を傷つけて自分を守るのでなく、自分を傷つける人の中にも神のいのちを認めて祈る時、死んでも死なないいのちのキリストご自身が、わたくしたちを守ってくださいます。

「神さまに出会う方法」

身振り手振りで

わたくしは東京カトリック聴覚障害者の会（以下、東カ聴会）の担当司祭をしております。二十年も前になりますが、東カ聴会の代表の聾《ろう》の方に、「会の追悼ミサ」を依頼されたことがきっかけです。当時わたくしは、カトリック墓地の目の前にある教会の主任をしておりました。

わたくしは手話がまったくできませんでしたから、最初に「無理です」とお断りしました。しかしその方は、「身振り手振りでやってくだされればよい。聾者には健聴者の手話は面白くないから、そのほうがよい」という意味のことを言われ、まったく理解できないままに、半分強引に引き受けさせられてしまいました。

さすがにすべて身振り手振りだけでミサをすることはできませんから、『手話によるミサ式次第』（カトリック中央協議会）を購入して、挿絵《さしえ》を見ながら、自己流で練習し当日を迎えました。

聾の方々とのミサは、音のないミサで、そこには何か不思議ないのちの交流があり、大変新鮮でした。そんなこんなするうちに、司教さんから、「稲川神父さん、東カ聴会の担当をお願い」という話がきました。

黙想会のテーマ

東カ聴会の担当になってから、かなり年月がたってからのことです。役員会の中で、「今年の黙想会は、稲川神父さんにやってもらおう」ということになりました。わたくしは普段、聾の方々との関わりがあるわけではないので、相手の手話の読み取りはうまくできません。しかし自分が手話で講話をすることについては、あらかじめ時間をかけて準備をすることが可能なので、何とかなるかもしれないと思い、しぶしぶですがお受けいたしました。

その時、役員の皆さんに「何か良いテーマはありますか」とお尋ねすると、皆さんは「うーん」と頭をひねっていました。すると一人の聾の役員の方がすっと手を挙げて、ひと言、「神さまに出会う方法」と言われました。「神さまに出会う方法！」……。その場には、健聴者の役員が五～六人、聾の役員の方が五～六人いらっしゃいました。

健聴の方々を見ると、皆びっくりしておられました。わたくしも正直なところ、ちょっと驚きました。黙想会のテーマというと、もう少し婉曲《えんきょく》的な表現が用いられることが多いからです。

しかし、聾の方々の様子を見ると、皆一様に「良いんじゃない？」「うん、これが良い」と、ほぼ満場一致といった雰囲気でした。それでその年の黙想会のテーマは決定しました。

「神さまに出会う方法」……こんなストレートなテーマをいただいて、ちょっと恐れ多くもありましたが、でも、思っていることを、端的にお伝えしてみようと思いました。

一緒の向きで生きる

黙想会では、「神さまに出会う」とは、「一緒の向きで一緒に生きることだと思う」と話しました。

有名な「エマオの弟子」の物語では、故郷の村に向かって歩きながら、イエスの十字架の出来事について話し合い論じ合っていた二人の弟子に、イエスご自身が近づいて来て、一緒に歩き始められました。しかし二人の目は遮《さえぎ》られていて、イエスだとは分かりませんでした（ルカ24・13〜参照）。この二人の弟子は、一緒に歩いてくださっているイエスを「見ていたのに分からなかった」のです。

イエスは、物分かりが悪く、心が鈍い彼らに、「メシアはこういう苦しみを受けて、栄光に入るはずだったのではないか」と言われ、モーセとすべての預言者から始めて、聖書全体にわたり、ご自分について書かれていることを説明されました。

それでは彼らは、いつイエスだと分かったのでしょうか。それは一緒に食事の席に着いた時のことです。イエスはパンを取り、賛美の祈りを唱え、パンを裂いてお渡しになりました。すると二人の目が開け「イエスだと分かったが、その姿は見えなくなった」のです。

「姿が見えなくなった」というのは不思議に思えますが、それは「一緒の向きで生きるいのちになった」からだと思います。イエスというお方は「もともと一緒に生きておられるお方」です。だから、「イエスだと分かる」とは、「一緒の向きで一緒に生きるいのちになること」です。

「神さまに出会う」とは、見えること、見えないことではないと思います。「一緒の向きで、一緒に生きてくださっているお方と、一緒に生きることだと思う」と話しました。

イエスさまがその業を行われる

次に、神さまに出会う「方法」です。わたくしは「人に『神さまがあなたと共におられます』と祈ったらよいのではないか」とお話ししました。それがイエスさまと一緒の向きで生きる、具体的な方法だと思うからです。

「わたしは世の終わりまで、いつもあなたがたと共にいる」（マタイ28・20）と約束されたイエスさまは、いつもわたくしたちと一緒の向きで生きてくださっています。そして、インマヌエル（「神は我々と共におられる」という意味）と呼ばれるこのお方は、いつも、ご自分の中にも人の中にも「神が共におられるという真実」を認めて生きてくださっています。

ですから、わたくしたちもこのお方と一緒の向きで生きるなら、人に「神さまがあなたと共におられます」と祈るのです。これが「神さまに出会う方法」です。そんなことをお話ししました。

「神さまに出会う」とは、見えること、見えないことではなく、「一緒の向きで生きること」です。だから人に「神さまがあなたと共におられます」と祈ります。そう思えなくても、そう感じなくても、そう祈りたくなくても祈ります。

そう祈り続ける時、実はこの祈りは、自分が祈るのではなく、わたくしの中におられるイエスさまがその業を行っておられるのだと分からせていただきます。

「わたくしたちは救われました」

七か月の赤ちゃん

　かなり前のことですが、お母さんのお腹の中で、七か月で亡くなられた赤ちゃんの葬儀をしたことがあります。信者さんではありませんでしたが、近隣のカトリック幼稚園に二人の男のお子さんを通わせているご家庭でした。深い悲しみの淵に沈んでしまわれたご家族を、近くで見ておられた園長さんからのたってのお願いで、式をお受けすることになりました。

　式の打ち合わせのために電話口に出られたお母さんの声は、憔悴《しょうすい》し切っていました。「お子さんのお名前は?」とお尋ねすると、「まだ名前はありません」とおっしゃっていたので、「式の中で呼びかけるので名前を付けてくださいね」とお願いしました。

　葬儀の当日は土曜日で、すでに結婚式、婚約式の予定が入っていたので、夕方五時からの式となりました。参列者はご家族と、数名の身内の方だけということでした。祭壇の

前に、柩《ひつぎ》を置くための台を用意し、ご遺族の皆さんの到着を待ちました。

約束の時刻になると、お父さんが三十センチぐらいの白い小さな柩を抱えて聖堂に入って来られました。お母さんと、四歳、二歳ぐらいの男の子たちが続きました。

下のお子さんは、何か激しく泣き叫ぶような状態で、一人だけ、聖堂の入り口から奥に進もうとしませんでした。わたくしには、お母さんの心がそのままその子を通して表れているかのように感じられました。

小さな柩の隣に座って

柩を祭壇の前に置き、直前に行われた結婚式のお花がありましたので、柩の隣に寄せました。皆さんには一番前の席に座っていただき、式を始めました。お会いしてみないと、どんな形でお祈りをして差し上げたらよいのか分からなかったので、お会いしてから様子を見て流れを考えました。朗読する聖書の箇所も、即興で決めていきました。

普段葬儀は、祭壇の前に柩が置かれ、司祭は祭壇の後に立って式を行いますが、一抱えしかない小さな柩と司式者の間に、大きな祭壇があるのは、「距離があり過ぎる」と感じました。それで祭壇の前の、小さな柩の隣に椅子を運び、そこに座って式を行うことにしました。

柩は閉じられたままで、「何か、触れてはいけないもの。開けてはいけないもの。何か、悲しいもの。申し訳ないもの。もう関わることのできないもの……」。参列された十人くらいの方々の中で、柩がそんな存在になっていると感じさせられました。

わたくしは、ラザロの墓の前のイエスさまの気持ちになりました。イエスさまは、死が人と人との絆を断ち切ってしまっていることに憤り、「どこに葬ったのか」と言われ、「その石を取りのけなさい」と言われ、「ラザロ、出て来なさい」と叫んで、ラザロを姉妹たちにお返しになりました。そのように、わたくしも柩の赤ちゃんとご家族の皆さんの間に、祈りと言葉を通して、目いっぱい永遠を吹き入れたと思います。

皆の中に生きて、永遠を教えるいのち

「人間は、永遠に生きなくてはならない。永遠とは、千年生きることではなく、今日、永遠のいのちの神さまと結ばれて生きること。そして、そのいのちの出会いに、皆さんをつなぐために翔くん（仮名：あれから名前を付けていただきました）は、七か月のこの世のいのちを全うして、皆さんの中に生きて、永遠を教えるいのちとなっておられること。皆さんという家族を、一人ひとりの根っこから支えるいのちとなって、

皆を温めておられること……」そういうことをお話しし、炭火の赤い火に息をふーふーと吹きかけて火を熾《お》こすように、皆さんに永遠のことを話していのちを吹き入れました。ご両親、特にお母さんは、スポンジが水を吸い込むようにお話しを聞かれました。

泣いていた子どもさんも泣きやんで、上のお兄ちゃんは、いとこ？の同い年の女の子と笑って、遊ぶような感じになってきて、小声で、「帰ったら、チョコレート食べようね」とか言っていました。柩の前に一人ひとり献花をして、お祈りは終わりました。

式が終わってから皆さんに、「柩のふたをお開けしていい？」と尋ねると、お母さんが「あ、よろしいのですか？」と、（申し訳ない）というような口調でおっしゃったので、逆に「もちろん！」と言って、ふたを開けさせていただきました。

夏みかんくらいのお顔の赤ちゃんが、ちょっと横を向くような形で眠っていました。赤ちゃんと言うくらいですから、赤いお顔でした。すると二人の子どもたちも、柩を覗《のぞ》き込みに来て、「赤ちゃん？」と聞いてきました。「そう、赤ちゃん。神さまの子どもなんだよ。みんなも神さまの子どもだけど」……そう言うと二人は、柩のふちに手をかけて赤ちゃんを見ていました。

お母さんは、「子どもに話してはいたのですが、どうやって現実に向き合わせたらよいか、ずっと悩んでいました。子どもを怖がらせないように、どうしたらよいのかと思っていましたが、全然そういうことなく会ってくれて、本当に良かったです」と話しておられました。

若いご両親はその小さい柩をまた、専用の保冷庫のようなケースに入れて運んで行かれました。式に参列していたお母さんの父親から、「われわれは、悲嘆の淵から救われました。本当にありがとうございました」と言われ、涙が出ました。

子どもを母親にお返しになった

その日の夜の八時過ぎに、食事を作って司祭館でビールを飲んでいましたら、「夜分にすみません、先ほどの者です」と、お母さんから電話がかかってきました。「あの子は、兄弟の中にも入れなくて申し訳ない、という思いでいっぱいだったのですが、皆の中にいてくれるということが分かりました。本当にありがとうございました。あの場にいた全員が救われました」と話され、また涙が出ました。

「ああ、子どもを母親に返すことができたのだな」（ルカ7・15参照）と思いました。

そしてそのことをなさったのは、イエスさまだと思いました。

「父と子と聖霊への祈り」

「神さまがあなたと共におられます」と祈る

本連載の「はじめに」のところで、わたくしは神学生一人ひとりにお祈りしていると書きました。今も同じように祈っています。学年の若い予科生から始めて、哲学科生、神学科生へと、一人ずつ順に祈っていきます。

具体的には心の中で名前を呼んで次のように祈ります。「〇〇さん、神さまがあなたと共におられます」「〇〇さん、わたしは世の終わりまで、いつもあなたと共にいます」「〇〇さん、聖霊を受けなさい。だれの罪でもあなたが赦せば、その罪は赦されます。だれの罪でもあなたが赦さなければ、赦されないまま残ります」と祈ります。

「『神さまがあなたと共におられます』と祈る」というテーマで書いているのに、「何で急にお祈りがそんなに長くなってしまうのだろう」、と思われる方もあるでしょう。今日は、どうして自分がそのような祈りをするようになったのかを話させていただきたいと思います。そして、このように祈ることが、「いのち」とどうつながっているのか、自分が理解していることを書かせていただきたいと思います。

復活のキリストも共におられる

以前わたくしは、「相手の方の上に、ただ『アヴェ・マリアの祈り』を唱える」というお祈りの仕方を人にお勧めしていました。ジョウロで植物に水をかけてあげる要領で、ただその人の上に「アヴェ、マリア、恵みに満ちた方、主はあなたとともにおられます」というお祈りを注いでください、とお勧めしていました。

「元気に育って」と百回願っても、水をかけてあげなかったら植物が育ちません。それと同じように、自分の願いよりも先に、まず、「主が共におられる」という「神の真実」への信頼を注いでくださいとお勧めしました。ただ、アヴェ・マリアを祈ってください、とお勧めしました。

でも、「アヴェ・マリアの祈り」を知らない「信者さんでない方」には、お勧めできませんでした。それで、いつの頃からか、「神さまがあなたと共におられます」とお祈りくださいね、とお勧めするようになりました。それは、「父である神が共にいてくださる」という「神の真実」に信頼を注ぐ業《わざ》なのだと思います。自分もそう祈るようになりました。

しかし、共にいてくださるのは「父である神」だけではありません。そのことをよくご存じの「復活のキリスト」が一緒にいてくださいます。それでわたくしは、「神さまがあなたと共におられます」という祈りとともに、「キリストが復活してあなたと共におられます」という祈りを人にするようになりました。

でも何か、「キリストが復活してあなたと共におられます」という祈りは、「説明みたいだなあ」と、心の中で思っていました。

説明でない言葉

「キリストが復活してあなたと共におられます」と祈っていたある日、ふと、「わたしは世の終わりまで、いつもあなたがたと共にいる」（マタイ28・20）というイエスさまの言葉を思い出しました。

「『キリストが復活して共にいてくださる』という真実について、説明でなく、イエスご自身が『そうです』とおっしゃっておられる。これ以上に確かな言葉はないのではないか」と思い、「わたしは世の終わりまで、いつもあなたと共にいます」と祈るようになりました。

イエスさまは「あなたがた」と、すべての人に向けておっしゃっているのですが、わたくしたちは日常生活の中で、ピンポイントで祈る必要が多いので、「あなたと共にいます」と祈らせていただくことにしました。

「聖霊の交わり」についても同様でした。共にいてくださるのは、「父である神」だけでなく、「復活のキリスト」だけでなく、そのことを教えてくださる「聖霊の交わり」がいつもわたくしたちと共にいてくださいます。それでわたくしは、人に「聖霊の交わりがあなたに豊かにあります」と祈っていました。

でも、これもやはり「説明みたいだなあ」と感じていましたので、「説明でない言葉」があることに気づかせていただいた後、「聖霊の交わりが、わたくしたちと共にある」という真実について、イエスさまご自身がおっしゃっている言葉があるのではないかと探してみました。これはすぐに見つかりました。

「聖霊を受けなさい。だれの罪でもあなたがたが赦せば、その罪は赦される。だれの罪でも、あなたがたが赦さなければ、赦されないまま残る」（ヨハネ20・22～23）。

それでわたくしは、「聖霊を受けなさい。だれの罪でもあなたが赦せば、その罪は赦されます。だれの罪でもあなたが赦さなければ、赦されないまま残ります」と人に祈るようになりました。「あなたがた」を「あなた」としたのは、先と同じ理由です。

イエスさまと一緒の向きで祈る

人に「神さまがあなたと共におられます」と祈ることも、人に「わたしは世の終わりまで、いつもあなたと共にいます」と祈ることも、人に「聖霊を受けなさい。だれの罪でもあなたが赦せばその罪は赦されます。だれの罪でもあなたが赦さなければ、赦されないまま残ります」と祈ることも、初めは抵抗がありました。「自分にはとてもそんなことを言える資格がない」と感じられたからです。

でも、祈りを続けるうちに分かってきたことがあります。それはこの祈りを祈る時、祈りの業をなさっているのは、わたくしの内におられるイエスさまだということです。

イエスさまは、「わたしがあなたがたに言う言葉は、自分から話しているのではない。わたしの内におられる父がその業を行っておられるのである」（ヨハネ14・10）と言われます。同じように、わたくしが祈る時、その祈りは自分からのものでなく、わたくしの内におられるイエスさまがその業を行っておられるのだと思います。

すべての人の中に、父と子と聖霊がおられ、すべてを一つにしてくださっていま
す。その真実を深くご存じのイエスさまと一緒に、わたくしは人に祈るようになりま
した。

「後にいる者が先になり、先にいる者が後になる」

五七五の祈り

この二年間、「神さまがあなたと共におられます」と祈る、というテーマで書かせていただいてきました。今回はその最終回になります。

複雑でストレスも多い日常生活の中で、一人でも多くの方に、イエスさまと一緒の向きで生きるという、具体的な歩みを歩んでほしいと願って執筆してまいりました。そして、「神さまがあなたと共におられます」と祈ることが、そのことの一つの具体性であることをお伝えしたいと願って書いてまいりました。

以前、ある教会でお話しさせていただいた時、一人の信者さんから、「神父さん、そのお祈りは五七五になっていますね」と言われたことがあります。言われて初めて気付いたのですが、確かにそうでした。「かみさまが　あなたとともに　おられます」は五七五になっていました。

「五七五」と言われると、いやでも覚えてしまうのが日本人です。それで、その時以来皆さんに、「このお祈りは五七五なので、覚えやすいでしょう？　一回三秒でお祈りできるので、どんな時でもお祈りしてくださいね」とお勧めするようになりました。

「一日百回でも千回でもお祈りできます。難しいお祈りだと、し過ぎると頭が痛くなってしまうことがあるかもしれませんが、このお祈りは何回お祈りしても副作用がありません」とお勧めしてきました。「相手の言動に、怒りや憎しみが起こっても、『神さまがあなたと共におられます』と祈るその三秒間は、怒りや憎しみを増幅させることはできないみたいです」とお勧めしてきました。「一回で足りなければ、もう三秒間お祈りください」とお勧めしてきました。

真理はわたしたちを自由にする

人に「神さまがあなたと共におられます」と祈ることとは、一緒にいてくださるイエスさまが、わたくしたちと一緒の向きで、一緒にしてくださる業なので、効き目があります。

「真理はあなたたちを自由にする」（ヨハネ8・32）というお言葉どおり、こう祈る時わたくしたちは相手に対する怒りや憎しみ、いら立ちや恐れによる束縛から自由にしていただきます。それはわたくしたち自身が体ごと「真理であるイエスさまの自由」に与らせていただくからです。

しかし以前、そう祈っても、祈っても、相手に対する怒りが収まらないという時がありました。収まらないというよりもむしろ、祈れば祈るほど、怒りが増していくように感じられる時がありました。

心の中が激怒というのに近いような状態になった時、ふと思い立って、「神さまがあなたと共におられます」という祈りを、そのお方のお母さまに向けました。すると、その瞬間、本当に一瞬でその怒りが消えてしまいました。わたくしはその時、本当に祈りを必要とされている方に、祈りが向けられなくてはならないのだと気付きました。

その方のお母さんはすでに帰天されているお方で、お話の中では伺ったことはありますが、お会いしたことはありません。でもその時、お祈りの中でその方のお母さんに向かって、お話しいたしました。

理不尽《りふじん》に祈りを投げ入れる

「○○さんのお母さん、わたくしは今あなたに、『神さまがあなたと共におられます』とお祈りしました。神さまは、あなたと共におられます。神さまはあなたさまと一緒の向きで共に生きておられるのです。そのお方と一緒に生きる時、わたくしたちの中に真の平安が訪れます。

あなたさまは今、ご自分が受けた理不尽に憤り、怒っておられるかもしれません。自分を認めなかった人々を赦せないと思っておられるかもしれません。その人々の非を数え、糾弾《きゅうだん》しておられるかもしれません。しかし、そこには幸いはありません。

真の幸いとは、『悪人にも善人にも太陽を昇らせ、正しい者にも正しくない者にも雨を降らせ』（マタイ5・45）てくださる神が、『すべての人と共にいてくださるという真実』を認めることです。それこそが『敵を愛する』という幸いなのです。

あなたさまは、そんなことはできない。そんなことはしたくない、とおっしゃるかもしれません。でもあなたが相手の中に神のいのちを認めないなら、あなたの最愛の娘も、本当の幸いに与れないのですよ。

神さまがあなたと共におられます。そしてイエスさまもあなたと一緒の向きで生きてくださっているのです。このお方がお祈りをなさるのです。だからこのお方と一緒にお祈りください。

このお方が、十字架の上で何をなさったか、ご存じですか。この方はすべての理不尽の中に、祈りを投げ込まれたのです。自分を認めない者の中にも神のいのちを認め、その中に自ら入ってくださったのです。

だから、このお方と一緒にお祈りください。自分を認めず理解しなかった人々に、『神さまがあなたと共におられます』とお祈りください。そして、あなたが祈ったその方々にもお伝えください。ご自分が恨みに思う人々があっても、その方々に『神さまがあなたと共におられます』と祈るようにお伝えください」。

現在から過去にさかのぼる善の連鎖

悪は連鎖します。自分が人から受けた悪によって、人は人にも悪を行ってしまうという不自由に縛られてしまいます。これは悪の連鎖です。

しかし、善も連鎖します。それは「敵を愛する」という自由な連鎖です。しかもこの連鎖は、現在から過去にさかのぼって及ぶことができる自由なのです。

イエスさまが共にいてくださることに出会うならば、イエスさまと一緒に、人に「神さまがあなたと共におられます」と祈る人になります。また自分より前の世代の人々にも「神さまがあなたと共におられます」と祈る

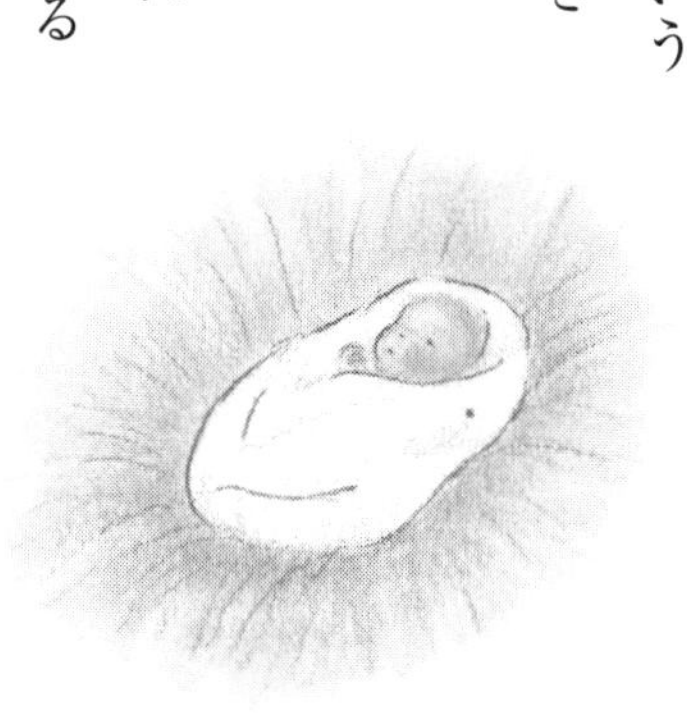

いのちになります。

そしてその方々にも伝えます。「今、祈られた皆さん。どうぞ皆さんもご自分に関わりのある霊であるいのちの皆さんにお祈りください。『神さまがあなたと共におられます』とお祈りください。そして今、皆さんが祈ったその方々にもお伝えください。さらに前の世代の方々に、そのようにお祈りをするようにお伝えください」。

後の時代の人が先にイエスさまに出会ったなら、その出会いはさかのぼって先の時代の人々に及んでいきます。先にいる方々が後になるのです。

「あとがき」

本書『「神さまがあなたと共におられます」と祈る』は、二〇二一年一月から二〇二二年十二月まで、月刊誌「家庭の友」（サンパウロ）に連載された、「『神さまがあなたと共におられます』と祈る」の二年間の記事をまとめたものです。

昨年、わたくしは司祭叙階二十五年という恵みをいただきましたが、ちょうどその年に、東京カトリック神学院院長という重責を仰せつかりました。一年を振り返って、自分は何か役に立つことができたのだろうかと考えてみた時、浮かんできた思いがあります。それは、「神学生、養成者、職員の皆さんに『神さまがあなたと共におられます』と毎日祈ってきたことは、何か良いことだった」という思いです。わたくしの祈りはともかく、わたくしの中でイエスさまが一緒の向きで祈ってくださっていました。「神さまがあなたと共におられます」と祈ってくださっていたこと、それは本当に良いことでした。

最近、ふと思うようになった問題意識があります。それは「神さまがあなたと共におられます」と言う時、イエスさまはどこでそれをおっしゃるのか、ということです。わたくしは、イエスさまは相手の中に入って一緒の向きで生きるいのちとなって、そこでその人に「神さまがあなたと共におられます」とおっしゃっているのではないかと、思うようになりました。外からの説明ではなく、その人の中で、一緒の向きで生きるいのちとなって、ご自分の存在をもって、「神が共におられるという真実」を証ししてくださるのだと思います。ですからわたくしも、イエスさまと一緒にその人の中に入って、一緒の向きでお祈りすることができたら良いのだと思うようになりました。

神さまは共におられます。人間のいのちは死によっても決して終わることがありません。そのことをイエスさまは優しく、力強く教えてくださいます。本書が信徒でない方にもイエスさまのことを知っていただくきっかけとなれたら、それこそ無上の喜びです。

いつも温かいカットを描いてくださるはせがわかこさんに心から感謝致します。

二〇二三年　四月

稲川　圭三

神学院校舎

著者紹介

稲川 圭三（いながわ けいぞう）

1959年　東京都江東区に生まれる。
　　　　千葉県習志野市で9年間、公立小学校の教員を務める。
1997年　カトリック司祭に叙階される。
2012年～2019年3月
　　　　カトリック麻布教会の主任司祭。
2019年4月～
　　　　東京カトリック神学院モデラトール（養成担当者）
2022年4月～
　　　　東京カトリック神学院院長。

著　書

『神父さま おしえて』『イエスさまといつもいっしょ』『365日 全部が神さまの日―信仰宣言を唱える―』『神さまのみこころ―イエスさまのたとえを聞く―』『神さまからの贈りもの―秘跡による救いのみわざ―』『聞いてみよう イエスさまのことば―マタイ・マルコ―』『聞いてみよう イエスさまのことば2―ルカ・ヨハネ―』（サンパウロ）。

「神《かみ》さまがあなたと共《とも》におられます」と祈《いの》る

著　者――稲川　圭三
イラスト――はせがわ　かこ

発行所――サンパウロ

〒160-0011　東京都新宿区若葉 1 - 16 - 12
宣 教 推 進 部（版元） Tel.（03）3359 - 0451　Fax.（03）3351 - 9534
宣教企画編集部（編集） Tel.（03）3357 - 6498　Fax.（03）3357 - 6408

印刷所――日本ハイコム株式会社

2023 年 5 月 10 日　初版発行

ISBN978-4-8056-1537-9 C0016 (日キ販)